시작의 기술

UNFU*K YOURSELF

Copyright © 2016 by Gary John Bishop

All rights reserved.

Korean translation rights arranged with The Bent Agency, New York

through Danny Hong Agency, Seoul.

Korean translation copyright © 2019, 2023 by Woongjin Think Big Co., Ltd.

시작의 기술

침대에 누워 걱정만 하는 게으른 완벽주의자를 위한 7가지 무기

개리 비숍
지음

이지연
옮김

웅진 지식하우스

**10만 부 기념
한국어판 특별 서문**

참으로 감사하게도 한국에서 『시작의 기술』이 아주 큰 호응을 얻었다는 소식을 들었다. 이는 모두 '당신'과 같은 사람들 덕분이다. 한 인간으로서 자신의 경험을 온전히 연구하고 끊임없이 더 나은 경험을 쌓고자 애쓰며, 삶이 내 앞에 무엇을 던지든 꿋꿋이 대처하기로 마음먹은 사람들 말이다.

지난 몇 년간 나는 전 세계를 돌며 다양한 문화와 성장배경, 종교, 신념, 이상을 지닌 사람들을 만났다. 그중 한국에서 만난 사람들은 늘 자기 일에 헌신적이고 창의적이며 진짜 '겸손'이 무엇인지 알고 있었다. 그들은 가감 없이 스스로를 정직하게 바라보았다.

그래서 실은 『시작의 기술』이 한국에서 좋은 반응을 얻었다는 사실이 마냥 놀랍지만은 않다. 한국인들의 그런 면이야말로 이 책이 요구하는 '자기반성'과 일맥상통하기 때문이다. 어떤 식으로든 삶을 진정으로 변화시키고 싶은 사람은 자기반성이라는 과정을 피해 갈 수 없다.

이 책에는 여러 '진실'이 담겨 있다. 독자인 당신이 스스로에 대해, 그리고 지금 살아가는 방식에 대해 생각해볼 수 있는 기회다. 현재의 삶과 지금 만나는 사람과의 관계, 그리고 당신 자신을 재편하고 탈바꿈시켜 미래를 만들어갈 길을 알려줄 것이다.

전 세계 수백만 명의 독자가 이미 이 책에서 말하는 자각을 실천하고 삶의 불확실성을 적극적으로 수용하고 있다. 역동적이고 새로운 미래가 준비해놓은 미지의 것들 사이에서 기꺼이 한바탕 춤추는 법을 배워나가고 있다. 당신도 동참하라. 아무도 대신해줄 수 없는 일이다. 당신의 삶은 오로지 당신만이 바꿀 수 있다!

2023년 12월

개리 비숍

여동생 폴라, 엘리자베스, 샌드라와 어머니 애그니스, 아버지 패트릭에게 이 책을 바칩니다. 우리는 함께 성장하고, 울었으며, 같은 편에 서고, 함께 싸웠습니다. 지금의 나를 만든 것은 여러분입니다.

의기소침해진 분들, 지친 분들, 남편이 없는 엄마들, 직업이 없는 아빠들, 꿈을 꾸는 이들, 뭔가가 되고 싶은 이들, 제가 바로 당신입니다. 당신은 해낼 수 있습니다.

CONTENTS

10만 부 기념 한국어판 특별 서문 004°

Chapter 1
긍정의 역설을 바라는 이들에게는 미안한 말이지만, 이 책은 좀 다른 길을 간다
들어가는 말

인생이 쉬워지려면 020° 상처 느끼기를 거부하면 상처 자체가 사라진다 023° 자주하는 생각은 삶을 바꾼다 028° 지금, 당장, 여기, 이 순간 031° 변화에 대한 갈증이 있는 당신을 위해 033°

Chapter 2
내가 사람들에게 가장 먼저 알려주는 단언의 문장
시작의 기술 1 **'나는 의지가 있어'**

인생은 기다려주지 않는다 043° 이런 거지 같은 상태를 더 이상 참고 싶지 않을 때 048° 당신은 이대로 사는 게 그런대로 참을 만한 게 틀림없다 050° 의지가 없다는 사실을 인정하는 것만으로도 052° 누구나 마음속에서 일을 크게 키운다, 실제보다 056° 내 인생에 개입할 수 있는 힘 059°

Chapter 3

인생이라는 진창에서 예측 가능한 들판만 털털거리며 달리는 중인 당신에게

시작의 기술 2 '나는 이기게 되어 있어'

당신은 언제나 이기고 있다 069° 스스로가 그어온 한계 072° 당신 인생의 문제 영역은 무엇인가 075° 자신의 위대함을 끌어내라 083°

Chapter 4

누구나 저마다의 문제가 있다. 삶이 늘 완벽할 수는 없다

시작의 기술 3 '나는 할 수 있어'

비참한 기분이 들기 시작하면 한 발 뒤로 물러서라, 훨씬 더 뒤로 가라 094° 당신은 그 모든 것을 이겨낼 것이다, 과거에 그랬던 것처럼 102° 기억하라, 풀지 못할 문제는 없다 104° 당신 인생은 끝나지 않았다 108°

Chapter 5

편안하게 느끼는 것만 고수한다면, 사실상 당신은 과거에 사는 셈이다

시작의 기술 4 '나는 불확실성을 환영해'

그렇게 해서는 앞으로 나아갈 수 없다 116° 존재하지 않는 것을 좇을

건가 122° 남들이 뭐라고 하든 인생은 계속된다 125° 성공은 늘 불확실성 속에서 당신을 기다리고 있다 127° 더 이상은 인생으로부터 숨지 않을 것이다 131°

Chapter 6
만약 당신이 늘 아무 망설임 없이 눈앞의 과제를 공략한다면
시작의 기술 5 '생각이 아니라 행동이 나를 규정해'

나는 내 생각이 아니다 138° 행동이 어떻게 생각을 바꾸는가 144° 기분이 좋아질 때까지 기다리지 마라 148° 그냥 첫발을 떼라, 그리고 다음 발, 또 다음 발 154°

Chapter 7
아무도 모른다. 당신이 뭘 할 수 있고, 뭘 할 수 없는지
시작의 기술 6 '나는 부단한 사람이야'

계속 정진하게 하는 동력 161° 당신이 동의하지 않으면 사실이 되지 않는다 164° 모든 걸 잃은 것처럼 보일 때조차 앞으로 전진하는 사람 170° 일어나 똑바로 앉아라, 허리를 곧게 펴라 176°

Chapter 8
당신의 인생이 그토록 어렵고 복잡했던 이유
시작의 기술 7 '나는 아무것도 기대하지 않고 모든 것을 받아들여'

인생에 산재하는 분노는 기대의 산물 187° 지금 당장 그 기대들을 놓아줘라 191° 인생은 행진이 아니라 춤이다 196° 아무것도 기대하지 않으면 현재를 살게 된다 198° 손이 닿는 곳에 이미 놓여 있는 변화의 힘 203°

Chapter 9
몰라서 못하는 게 아닌 것쯤은 이젠 인정할 수 있겠지
나가는 말

인생의 마지막에 하는 유일한 후회 212° 성공한 사람은 때가 되기를 기다리지 않는다 215° 더 이상 과거에 휘둘리시 마라 218° 변화를 위한 가장 간단한 변화 220° 당신의 진짜 인생을 시작하라 226°

Chapter 1

긍정의 역설을 바라는 이들에게는 미안한 말이지만, 이 책은 좀 다른 길을 간다

들어가는 말

UNFU*K YOURSELF

"
이 책은
자기 파멸적 독백을
경험해본 이들을
위한 것이다.

쳇바퀴 위의 햄스터가 된 기분 알아?
잘 살아보려고 죽어라 뛰긴 뛰는데 결국엔 돌아보면 늘 제자리인 기분.

그러는 동안 끊임없이 재잘대는 자신과의 대화, 멈추지 않는 자기 비판. '너는 게을러. 너는 멍청해. 너 정도로는 안 돼.' 이 말을 대체 어디까지 믿는 건지, 그게 스스로를 얼마나 힘 빠지게 하는지 알지도 못하는 채로 스트레스와 긴장감을 극복해보려다 하루가 간다. 내 삶을 살아보려고 하지만 망할 놈의 이 바퀴에서 내려오지 않는 이상, 내가 원하는 삶은 결코 살지 못할 거라는 체념과도 문득문득 조우한다. 어쩌면 내가 좇는 그 행복, 원하는 몸무게, 선망하는 커리어, 갈망하는 사랑은 결코 내 것이 될 수 없을지 모른다.

이 책은 자기 파멸적 독백을 경험해본 이들을 위한 것이다. 하루하루 일상을 오염시키고 한계를 그어버리는 그 끝없는 의심과 자기기만. 이 책은 자기 안의 진정한 잠재력에 눈뜨기를 바라는 우주가 보낸 말씀의 따귀 한 대이다. 삽질은 그쯤 해라. 삶 속으로 당당히 뛰어들어라.

시작부터 제대로 짚고 넘어가자. 우리가 매일 나누는 대화에는 두 종류가 있다. 남에게 하는 말과 나에게 하는 말. "나는 혼잣말 같은 거 안 한다고요"라고 따질 사람도 있을 것이다. 하지만 그 어느 날을 되돌아보아도 당신이 가장 많은 대화를 나눈 사람은 당신 자신이다. 아무도 모르게 당신 머릿속에서 조용히 혼자 떠들어서 그렇지.

내성적인 사람이나, 외향적인 사람이나, 창의적인 사람이나, 실용적인 사람이나, 어마어마한 시간을 바로 '당신 자신'과 대화하는 데 쓴다. 운동을 하다가, 일하다가, 먹다가, 책 읽다가, 글 쓰다가, 걷다가, 문자 보내다가, 울다가, 싸우다가, 협상하다가, 계획을 짜다가, 기도하다가, 명상하다가, 섹스를 하다가…… 목록은 끝도 없다. 그래, 심지어 잘 때까지도.

실은 지금도 당신은 자기 자신과 대화를 나누고 있다.

걱정 마라. 그렇다고 당신이 미친 것은 아니다. 아니, 어쩌면 우리 모두가 약간은 미친 것일지도. 어느 쪽이 되었든, 다들 똑같은 처지이긴 마찬가지니 이제 그만 낯설어 하고 앉아서 함께 쇼를 즐기자.

연구에 따르면 우리는 하루에 5만 가지가 넘는 생각을 한다고 한다. 그중에서 하지 말았으면 하는 말, 극복하고 싶거나 물리치고 싶은 말이 얼마나 많은가. 반사 반응처럼 무의식적으로 떠오르는 그 생각들을 어떻게 할 수는 없지만, 어느 것에 중요성을 부여할지는 얼마든지 우리가 결정할 수 있다. 의미는 미리 정해져 있는 게 아니기 때문이다.

최신 신경과학 및 심리학 연구 결과들을 보면 당신이 나누는 대화는 삶의 질에 심대한 영향을 미친다. 앨라배마대학교의 윌 하트 교수는 네 가지 종류의 실험을 진행했다. 실험 참가자들은 긍정적이거나 부정적이거나 혹은 중립적인 사건을 회상하거나 실제로 경험했다. 그러곤 표현하게 했다. 그 결과 중립적인 사건을 여전히 진행 중인 것처럼 묘사하는 사람들은 실제로는 그 사건을 더욱 긍정적으로 느꼈고, 부정적인 사건을 진행 중인 것처럼 묘사하는 사람은 더 부정적으로 느꼈다. 간단히 말해 자신이 처한 상황을 묘사할 때 쓰는 언어에 따라 실제로 우리가 그 상황을 보고, 경험하고, 참여하는 방식이 달라진다. 언어는 삶의 크고 작은 문제를 직면하는 방식에 이루 말할 수 없이 큰 영향을 미친다.

우리가 하는 말과 느끼는 감정 사이에 긴밀한 연관이 있다는 사실은 수백 년간, 어쩌면 수천 년간 이미 알려져 있었다. 비트겐슈타인이나 하이데거, 가다머 같은 철학자들은 일상에서 쓰는 언어의 중요성을 알고 있었다. 비트겐슈타인은 이렇게 말했다. "언어의 문법 속에서도 생각과 현실 사이의 조화를 찾을 수 있다."

좋은 소식은 긍정적 자기 대화가 기분을 극적으로 끌어올려주고 자신감을 높이며 심지어 생산성까지 향상시킨다고 많은 연구 결과들이 지속적으로 확인해주고 있다는 사실이다. 그뿐만이 아니다. 하트 교수의 실험에서 볼 수 있듯이 실제로 긍정적인 자기 대화는 행복한 삶, 성공한 삶의 핵심 요소가 될 수도 있다.

나쁜 소식은 정반대의 경우도 고스란히 사실이라는 점이다. 부정적 자기 대화는 기분을 저하시킬 뿐만 아니라 무력감을 느끼게 만들 수 있다. 작은 문제도 크게 보이게 할 수 있으며 심지어 없던 문제도 만들어낼 수 있다. 그리고 충격적인 속보가 있다. '자기 대화는 우리가 상상도 못할 방식으로 우리를 망쳐놓고 있다'는 것이다.

이런 점들을 염두에 두고 하나만 분명히 짚고 넘어가자. 이 책의 의도가 더 좋은 인생을 만들자는 것은 맞지만, 나는 여러분에게 갑자기 긍정적 사고를 하라거나 자기 긍정이 필요하다고 말하지는 않을 것이다.

효과는 제각각이었지만 그런 주제는 이미 지겹도록 다뤄져왔다. 그래서 이 책에서까지 이야기하지는 않을 것이다.

나는 여러분에게 네 안에는 호랑이가 살고 있으니 네 안의 짐승을 깨우라고 하지 않을 것이다. 첫째 여러분은 호랑이가 아니고, 둘째 역시나 여러분은 호랑이가 아니기 때문이다. 그런 얘기도 누군가에게는 효과가 있겠지만 도저히 낯간지러워서 나는 그런 말은 못하겠다. 나에게 그런 일은 억지로 메이플

시럽을 한 바가지 먹으라는 말과 같다. 고맙긴 한데, 사양하겠다.

긍정의 역설을 바라는 모든 이들에게는 미안한 말이지만, 이 책은 좀 다른 길을 간다. 이 책은 여러분에게 발판 하나만 밀어줄 작정이다. 한 단계 높은 정도의 진정한 잠재력에 닿을 수 있는, 여러분이 밟고 올라서기에 딱 맞는 높이의 단단한 발판 하나만을 제공할 생각이다.

인생이 쉬워지려면

> "인간의 감정은 대개 생각에서 나온다. 그러고 나면 인간은 당초 그 감정을 만들어냈던 생각을 다시 통제해서, 아니면 받아들였던 문장이나 자기 대화를 바꿔서, 감정을 눈에 띄게 통제한다."

현대 심리학의 아버지 앨버트 엘리스가 한 말이다. 엘리스는 우리가 경험을 어떤 식으로 생각하고 이야기하느냐에 따라 그 경험에 대한 느낌이 달라진다는 사실을 발견했다. 간단히 말해 생각과 감정은 서로 긴밀한 관계가 있다.

엘리스는 또한 우리가 완전히 비이성적으로 사고할 수도 있다는 사실을 발견했다.

그동안 스스로에게 '난 정말 멍청해', '항상 내가 다 망쳐놓지', '내 인생은 끝이야' 같은 말을 얼마나 많이 했던가. 또 어떤 사건이 생겼을 때 '나한테 일어난 최악의 일이야'처럼 부정적으로 묘사한 적이 얼마나 많은가.

어떤 일에 터무니없이 과하게 반응을 보였지만 나중에 생각해보니 그 일은 중요한 축에도 끼지 못했던 경험이 있는 사람? 그만 손 내려라. 너무 오래 들고 있으면 바보같이 보이니까. 그 어이없는 과잉반응에 아무 규칙도 없을 것 같지만, 돌이켜보면 분명히 과잉반응 직전에는 언제나 분노에 찬 자기 대화가 번개처럼 지나갔다. 그러고 나서 펑 하면서 이성을 잃었을 것이다.

인간이 늘 이성적인 말과 행동만 하는 것은 아니다. 그렇기에 우리는 생각보다 자주 아무 말이나 행동을 한다. 게다가 뒷일은 신경 쓰지도 않는다. 아주 약간이라도 부정적인 자기 대화를 나눴을 때 남게 될 감정의 잔여물 따위는 고려하지 않는다.

극단적이지 않더라도, 미묘하게 부정적인 자기 대화 역시 우리의 힘을 앗아갈 수 있다. 어떤 일을 하면서 '아, 너무 힘드네. 제때에 못 끝내면 어떻게 하지?'라고 생각하거나, 내가 이 일을 망칠 수 있는 수백 가지 방법을 떠올린다면 마음은 불안해질 수밖에 없다. 앞서 말했듯 때로는 부정적인 자기 대화 때문에 전혀 관계없는 상황에서 엉뚱하게 분노나 슬픔, 좌절감이 치밀어 오르기도 한다.

이런 식의 자기 대화는 우리 삶을 조금도 수월하게 만들어주지 않는다. 어떤 일이 힘들다는 생각을 하면 할수록 실제로 더 힘들어진다. 안타깝게도 우리는 자동적으로 흘러나오는 내면의 생각에 끊임없이 귀를 기울인다. 머릿속 비난의 목소리에 너무 익숙해져서 부정적인 생각이 지금 내 기분이나 행동에 어떤 영향을 주고 있는지는 미처 깨닫지 못한다. 그 결과 우리는 이성적으로 생각했다면 했을 만한 행동을 끝내 못 하기도 한다.

간단한 예로 여러분이 질겁하는 집안일을 한번 생각해보자. 여러분이 집안일을 그토록 싫어하는 이유는 마음속에서 그 일을 실제보다 더 나쁜 일로 규정해놓았기 때문이다. 빨래 개기나 설거지처럼 간단한 일은 사실 시간이나 노력이 별로 들어가지 않음에도 우리는 종종 회피한다. 작지만 집요한 이런 '숙제'들이 늘어나고, 때로는 더 크고 중요한 일과 겹치면서 어느 날 갑자기 사는 게 버겁다고 생각하기 쉽다.

우리는 왜 내 삶의 일부인 특정한 일에 저항할까? 그런 숙제들에 관해 이미 부정적인 의견을 갖고 자기 대화를 나누기 때문이다. 일상에서 지긋지긋하다고 여기는 일을 떠올려보면 내 말이 무슨 뜻인지 알 것이다. 여러분의 자기 대화에는 심각한 문제가 있다.

상처 느끼기를 거부하면 상처 자체가 사라진다

스스로에게 말하는 방식은 그 순간에만 영향을 미치는 게 아니다. 말하는 방식은 무의식 속으로 서서히 스며들고 내면화

되어 장기적으로 우리의 생각과 행동을 바꿔놓는다.

일상생활에서 나 자신이나 남과 어떻게 대화하느냐에 따라 삶에 대한 인식이 즉각적으로 바뀐다. 그리고 그렇게 바뀐 인식은 내 행동에 직접적으로 영향을 미친다. 당신의 인식을 무시해봤자 당신 손해일 뿐이다. 더 안타까운 건 나는 아무 영향을 받지 않는다고 착각하며 평생을 사는 것이다.

인생이 얼마나 불공평한지 종종 토로하고 있다면 당신은 머지않아 그런 시각에 맞춰 행동하게 될 것이다. 아무도 당신을 무시하지 않았는데 무시당했다고 느끼고, 노력해봤자 아무것도 이루지 못할 테니 노력 자체를 줄일 것이다. 불공평하다는 시각이 곧 현실이 될 것이다.

반면에 성공이 바로 코앞에 있다고 생각하는 사람은 그 성공을 이루려고 발바닥에 땀이 나게 뛰어다닌다. 늘 성공을 의식하며 에너지 넘치게 행동한다. 분명히 밝혀두지만 성공할 거라고 믿는 것만으로는(중요하기는 해도) 성공이 절로 이뤄지지 않는다. 마찬가지로, 성공할 거라고 믿지 않더라도 여전히 위대한 일을 성취할 수도 있다. 다만 그 과정이 힘들어질 뿐이다.

'나한테는 그런 믿음이 없어'라고 생각한다면 이 책을 계속 읽어라!

로마의 황제가 된 스토아학파 철학자 마르쿠스 아우렐리우스는 이렇게 말했다. "앞으로 이 규칙을 기억하라. 혹시라도 억울한 기분이 들려고 하면 '나는 불운해'라고 생각하지 말고, '이걸 잘 이겨내면 행운이 올 거야'라고 생각하라."

문제가 생겼을 때 그걸 어떻게 생각하고 뭐라고 이야기할지는 전적으로 자신한테 달려 있다. 그 문제는 성가신 골칫거리가 될 수도 있고, 어딘가로 데려다줄 징검다리가 될 수도 있다. 우리는 그 일로 기가 죽을 수도 있고, 힘이 날 수도 있다.

실제로 아우렐리우스 같은 스토아학파 철학자들은 외부 사건이 우리에게 아무런 영향도 주지 못한다고 믿었다. 내 현실은 내 마음을 가지고 내가 만들어내기 때문이다.

"상처 느끼기를 거부하면 상처 자체가 사라진다."
_마르쿠스 아우렐리우스

여기서 잠깐 저 문장을 곰곰이 곱씹어보라.

지금 내 삶이 요 모양 요 꼴인 이유는 처한 상황이나 주변 환경 때문이 아니라 나와 나누는 자기 대화가 의욕을 꺾어놓기 때문임을 알겠는가? 무언가를 할 수 있다고 생각하거나 할 수 없다고 생각할 때 훨씬 더 직접적으로 영향을 미치는 것은 실제의 삶이 아니라 특정한 무의식적 반응이다.

계속 그렇게 스스로의 목소리를 외면하고 주변만 쳐다보며 거기서 빠져나오려고 발버둥 친다면, 돌아오는 것은 같은 반응일 수밖에 없다. 아무 권능도 없고, 재미도 없고, 활력도 없을 것이다. 기껏해야 성공과 실패, 행복과 절망 사이에서 시소 타기만 계속하게 될 것이다. 주위 환경이 도무지 바뀌지 않을 때가 있다. 지지부진한 상태로 요지부동일 때가 있다. 당신이 열심히 노력하고 있는 그 일, 당신을 더 행복하고 더 잘 살고 더 자신 있게 만들어줄 거라 확신하는 그 일이 혹시라도 일어나지 않으면? 그때는 어쩔 텐가? 심지어 '언젠가' 그 일이 일어난다손 치더라도, 그날이 오기 전까지 오늘부터 당신의 인생은?

당신더러
답을 찾으라는
얘기가 아니다.
당신이
곧 답이다.

이 책은 밖에서 답을 구하지 말고, 안에서 답을 구하라고 요구할 것이다. 하지만 이것은 당신더러 답을 찾으라는 얘기가 아니다. 당신이 곧 답이다. 나를 찾아오는 의뢰인들에게 내가 수없이 들려주듯이 사람들은 기사가 당도하기만을 기다리며 평생을 보낸다. 자신이 그 기사인 줄도 모르고 말이다. 여러분의 인생은 여러분이 등장하기만을 간절히 기다리고 있다.

자주하는 생각은 삶을 바꾼다

무의식에 관한 얘기를 꺼낸 것은 그냥 심리학 용어나 좀 지껄여보고 싶어서가 아니다.

과학자들은 생각이 실제로 뇌의 물리적 구조를 바꿀 수 있다는 사실을 발견했다. '신경가소성'이라고 하는 이 현상은 인간 정신을 이해하는 데 혁명을 불러일으키고 있다.

살아가면서 우리는 새로운 것을 배우고 경험한다. 그러는 동안 뇌는 끊임없이 신경 경로를 만들고 재조정한다. 이 신경 경로가 우리의 생각과 행동을 좌우한다. 다행인 점은 우리가 의식적으로 자신에게 유리한 방향으로 경로를 수정하게끔 생각의 방향을 튼다는 점이다. 그렇게 생각을 자신의 뜻대로 형성하는 가장 쉬운 방법은 의식적이고 의도적인 자기 대화를 통해서다. 핵심을 찌르고 삶의 주도권을 쥐게 만드는 그런 대화 말이다.

한 가지 행동이 자동적으로 나올 때까지 그 행동을 반복하면 습관이 만들어진다. 마찬가지로 강력하고 단언적인 언어를 오랫동안 사용하면 내 삶에 영구적인 변화를 일으킬 수 있다. 단순히 행복한 생각을 한다는 정도가 아니라 뇌의 생물학적 구조에까지 영향을 미칠 수 있다.

생각을 조종하면 우리가 느끼는 감정을 자유자재로 부릴 수 있다. 생각을 내 뜻대로 형성하려면 내가 쓰는 단어와 언어의 종류를 의식하고 관심을 기울여야 한다. 결국 이것은 당신이 지금의 사고방식을 얼마나 참아낼 수 있고, 얼마나 바꾸고 싶은가로 귀결된다.

그러려면 먼저 의식적 선택을 내려야 한다. '나는 나에게 해로운 방식이 아니라 도움이 되는 방식으로 말하겠다'라고 결심해야 한다. 올바른 언어를 사용하고, 내 문제를 접근하기 쉬운 방식으로 규정한다면, 말 그대로 '세상을 보는 법'과 '세상과 교류하는 법'을 바꿀 수 있다. "내 현실은 내가 만든다"는 말을 숱하게 들어보았을 것이다. 이것은 가능한 일일 뿐만 아니라 전 세계 수백만 명이 이미 그렇게 하고 있다. 더구나 그들은 자신의 현실을 창조하기만 하는 게 아니라, 실제로 그 현실에 기초해 행동하고 그 현실을 살아간다.

기억하라. 당신을 둘러싼 인생의 여건이 아무리 힘들고 어렵고 버거워도, 결론을 가장 크게 좌우하는 것은 그 환경을 이해하고 대처하는 당신의 태도다. 다시 말하지만 해답은 여러분 밖에 있지 않다. 해답은 여러분 '안에' 있다.

나를 둘러싼 것들을 어떻게 이야기하고, 생각하고, 인식하느냐가 바로 내 현실의 토대를 구성한다. 당신이 살고 싶은 현실을 창조하라. 그러려면 자기 자신이나 남과 이야기할 때 실제로 그런 현실을 만들어내는 방식으로 대화해야 한다. 내 경우에는 일상적으로 겪는 '문제'들을 '기회'로 여기는 간단한 방법을 통해 문제를 새롭게 규정한다. 그러면 그 문제들은 즉시 나를 교육하고 확장하는 데 쓸 수 있는 인생의 도구들로

변모한다. 그렇게 되면 평소 같았으면 짜증나고 답답했을 만한 일도 호기심을 가지고 접근하게 된다.

지금, 당장, 여기, 이 순간

사람들은 대체 '어떻게' 자신의 현실을 창조하는 걸까? 비결은 주절주절 이어지는 서사(나 자신이나 남과 인생에 대한 이야기, 의견과 판단)에 불과했던 자기 대화를 단언으로 바꾸는 것이다. 단언은 늘 소음을 모조리 제거하고 지금 당장 여기서 내가 가진 힘을 천명하는 일이다.

우리가 가장 많이 저지르는 실수는 '이렇게 할 거야' 혹은 '이렇게 될 거야'라고 말하는 것이다. '해야 돼', '해보지 뭐'는 말할 것도 없다. 그런 말을 할 때 우리는 이미 부의식적으로 그 일이 언제 일어날지를 규정하는데, 그 언제란 분명 지금은 아니다.

우리가 새해의 다짐을 그토록 자주 포기하는 이유는 앞으로 할 일, 즉 나중을 뜻하는 언어를 사용하기 때문이다. 새해의 다짐 중에는 '앞으로 이건 안 할 거야'로 끝나는 말이 너무 많다. 처음 결심했을 때는 열의에 가득하겠지만 현실이 주먹을 휘둘러오는 불가피한 순간을 맞으면 힘이 쭉 빠지고 만다. 당신이 '그만둔' 행동 때문에 삶에는 거대한 구멍이 뚫리고 당신은 그 구멍 안에 홀로 서 있게 된다. 바로 그럴 때에 내면의 대화가 폭주한다. 살을 빼겠다고 다짐했는데 피자가 먹고 싶어 죽겠다면? 저축을 하기로 다짐했는데 너무너무 갖고 싶은 옷이 갑자기 세일을 한다면? 열정은 사그라지고, 옛날 사고 패턴이 다시 재현되려고 할 때 과연 우리는 어떻게 해야 할까? 그만둔 것 대신에 무슨 행동을 해야 할까?

단언 형태의 자기 대화란 지금 당장 여기서 내가 이 순간의 주인임을 천명하는 것이다. '나는 ~이다', '나는 ~를 환영한다', '나는 ~를 받아들인다', '나는 ~라고 단언한다'라고 말하라. '할 거야', '될 거야'라는 식의 서사보다는 이게 더 강력한 명령의 언어를 사용하는 방법이다.

현재형의 단언적 언어를 사용하면 생리학적, 심리학적으로 강력한 영향을 줄 뿐만 아니라 당장 아주 실질적인 효과를 볼 수 있다. '나는 부단하다'와 '나는 부단할 것이다' 사이에는 어마어마한 차이가 있다. 둘 중 하나는 지금 당장 당신 인생에 개입하지만, 다른 하나는 지금보다는 앞으로 일어날 일을 묘사하는 쪽에 가깝다. 그렇다면 여러분은 일상생활에서 단언적으로 말하도록 노력해야 한다. 내가 일반적인 서사 형태로 말하고 있는 것은 아닌지 항상 경계해야 한다.

변화에 대한 갈증이 있는 당신을 위해

이 책에서 여러분은 내가 엄선한 일곱 가지 자기 단언의 문장들을 보게 될 것이다. 이들 문장은 여러분이 일상 속에서 용기와 희망, 생기와 힘, 무기가 될 것이다.

또한 책에는 유명한 역사적 인물이나 철학자가 남긴 명언, 과학적 에피소드들도 등장한다. 이것들은 모두 내가 소개할 방법에 무게를 실어주겠지만 방법의 정당성을 증명해주지는 않는다. 모두 좋은 내용이긴 하지만, 이 책을 제대로 읽고 교감하는 방법은 여러분이 직접 책을 탐구하면서 나의 얘기를 시도해보는 것뿐이다. 충분히 시간을 갖고 생각하고, 고민하고, 실험해보라. 경험을 통해 직접 검증한 것보다 더 좋은 지식은 없다.

앞으로 읽게 될 내용들을 마치 콘텐츠를 평가하는 사람의 마음으로 접근하지 말고, 내가 직접 해보는 실험이라고 생각하라. 그러면 지금까지 한 번도 겪어보지 못한, 인생을 송두리째 바꿔놓는 경험을 할지도 모른다. 이 책에는 여러분의 생각과 배치되거나 여러분을 짜증나게 하고, 충격 받게 하고, 분노하게 하는 내용도 있을 것이다. 괜찮다. 흥분하지 말고 계속 읽어라. 훌륭한 영화가 그렇듯이, 마지막에 가면 모든 게 한꺼번에 이해될 것이다.

쉽게 불쾌해지는 사람이라면 이 책을 그냥 덮어라. 그리고 도움이 될 만한 다른 사람에게 선물하라.

이 책을 통해 '자기 대화'라는 게 얼마나 복잡하면서도 강력한 힘을 갖는지 이해하게 되길 바란다. 그리고 자기 대화를 습득해서 사용법을 배워서 여러분 인생의 유일무이한 무기로 쓸 수 있기를 바란다. 언어의 창조적이면서도 파괴적인 힘을 이 책이 모두 설명해줄 수는 없지만, 일상적으로 하는 생각이나 내면의 대화가 어떤 식으로 우리의 인생 경험을 만들어가는지 조금 감을 잡을 수 있을 것이다.

이 책을 읽으면서 여러분의 언어와 감정을 의식적으로 일상생활과 연결해보라. 말하는 방식과 느끼는 방식의 마법 같은 연관성을 이해하기 시작하면 미처 보지 못했던 인생의 광대한 풍경이 서서히 드러날 것이다.

포스트잇이든, 형광펜이든, 뭐든 동원해서 자신에게 특별히 와 닿는 부분을 표시해가며 끝까지 읽어라. 이 책은 되도록 많은 사람이 쉽게 이해하고 도움을 받을 수 있게 만들었다. 각 챕터는 전체의 일부이면서도 각기 독립된 내용을 다루고 있기 때문에 읽다가 얼마든지 다음 챕터로 넘어가도 된다. 변화에 대한 갈증이 있다면 이 책을 충분히 활용하라. 당신의 인생을 바꾸는 데 필요한 내용은 없는지 책이 완전히 낡고 닳을 때까지 샅샅이 찾아보라.

아마 일상생활을 하면 책을 늘 들여다볼 필요는 없을 것이다(설사 그렇다 해도 아무 문제는 없다). 하지만 탈출구를 찾지 못했거나 활력이 다시 필요할 때는 여기의 아이디어들이 좋은 출발점이 되어줄 것이다.

그런 때가 오면 얼마든지 다시 책 속으로 풍덩 뛰어들어라. 이 책으로 갈증을 해소하고, 아직 세상이 보지 못한 여러분의 참모습을 드러내라.

즐거운 시간이 되길.

Chapter 2

내가 사람들에게 가장 먼저 알려주는 단언의 문장

시작의 기술 1
'나는 의지가 있어'

UNFU*K YOURSELF

이제 그만 운을 탓하라.
이제 그만 남을 탓하라.
외부의 영향이나
환경을 들먹이는 것도
그만둬라.

당신의 삶은 당신이 참고 싶은 만큼이다.

한번 생각해보라. '저것만 아니면 내 삶이 더없이 행복하고 따뜻할 텐데……'라고 생각되는, 지금 당신 삶을 망쳐놓고 있는 지독한 어둠의 그림자는 무엇인가? 어떤 문제인가?

다니는 직장이 싫은가? 사귀는 사람과 잘 안 맞는가? 건강에 문제가 있는가? 그래, 좋다. 새 직장을 구해라. 그 사람과 헤어져라. 식단을 바꾸든가, 운동을 하든가, 아니면 필요한 도움을 받아라. 간단해 보이지 않는가? 사랑하는 사람의 죽음이나 계약의 무산처럼 내게 아무런 결정권이 없어 보이는 일조차, 그 사건 '이후에' 어떻게 살 것인가에 관해서는 스스로에게 광범위한 결정권이 주어져 있다.

그 상황을 바꾸기 위한 의지가 없다면, 다시 말해 지금의 상황을 기꺼이 참고 견디겠다면, 좋든 싫든 그게 바로 당신이 선택한 삶이다.

'그렇지만……'이라고 생각하기 전에, 당황해서 화를 내려고 하기 전에, 내 말을 좀 더 들어봐라. 지금의 상황을 변호하려 든다면 사실상 당신은 지금 스스로의 상태가 옳다고 주장하는 셈이다. 그만둬라.

'그렇지만……'은 없다. 우리는 그런 소리를 할 여유가 없다. 가방을 가볍게 꾸려야 할 여행길에 그런 말은 군짐이 될 뿐이다.

> "환경이 사람을 만드는 게 아니다. 환경은 그가 어떤 사람인지 드러낼 뿐이다."
>
> _에픽테토스

에픽테토스가 지적한 것처럼 진짜 당신이 누구인지는 당신의 환경을 보고 아는 게 아니라 그 환경에 당신이 어떻게 대처하는지를 보면 알 수 있다. 그리고 당신이 나와 함께 새롭게 시작하려면 또 그만둬야 할 것이 있다.

운을 그만 탓하라.

남을 그만 탓하라.

외부의 영향이나 환경을 들먹이는 것도 그만둬라.

어린 시절이나 이웃을 그만 탓하라.

위 방법은 내가 이야기할 모든 내용 중에서도 가장 기본이 되는 사항이다. 여러분은 절대, 다시 한번 말하지만 절대, '남 탓하기' 게임에 빠져 있을 여유가 없다. 심지어 여러분 자신을 탓하는 것도 아무짝에 쓸모없는 일이다. 물론 여러분이 통제할 수 없는 것처럼 보이는 상황도 있을 것이다. 장애나 질병, 사랑하는 사람의 죽음처럼 비극적인 상황에 맞닥뜨릴 수도 있다.

그러나 여러분이 그 상황에 영향을 미칠 방법은 '언제나' 있다. 아무리 오래 지속되었고 아직도 출구를 찾지 못했다 하더라도 말이다. 그러나 그러려면 먼저 의지가 있어야 한다. 내가 알려주는 방법을 온전히 받아들이려면 먼저 인정해야 한다. '인생에서 벌어진 일들 중에는 당신의 의사와 전혀 무관한 것들도 있지만, 그 사건들 이후에 어떻게 사느냐는 100퍼센트 당신 책임'이라는 사실 말이다. 매번, 언제나, 예외는 없다.

사전에서 의지^{willingness}(또는 의향)이란 단어를 찾아보면 '늘 준비되어 있는 상태 혹은 그런 자질, 기꺼이 하려는 마음'이라고 되어 있다.

다시 말해 의지나 의향은 새로운 관점에서 상황을 바라보고 삶을 살아갈 수 있는 상태다. 의지의 시작도 끝도 당신이다. 아무도 당신이 의지를 갖게 만들 수는 없으며, 정말로 다음으로 넘어갈 의지가 생기기 전까지는 진전이란 없다.

마침내 의지가 생기고 나면 당신이 태어날 때부터 이미 갖고 있던 자유가 혈관을 타고 흐르는 것이 느껴질 것이다. 마찬가지로 의지가 없다면 언제부터였을지 모를 그 지긋지긋한 느낌이 보이지 않는 무게추처럼 당신 가슴을 내리누르는 것을 느낄 것이다.

"의지는 있지만 그렇지만……"이라고 말하는 소리가 귀에 들리는 듯하다. 문장 끝에 '그렇지만'을 붙일 때마다 여러분은 자신을 '희생자'로 둔갑시킨다. 나는 오랫동안 인생 코치와 멘토를 해오면서 복잡한 사연을 수도 없이 들었다. 어두운 과거를 잊고 싶은 사람, 현재가 너무 버거운 사람, 미래에 대한 공포로 절뚝대는 사람도 있었다. 나는 그런 얘기를 듣고, 듣고, 또 들었다. 지금부터 내가 하는 말을 오해 없이 듣기 바란다. 여러분을 격앙시키려고 하는 말이 아니다. 아니, 격앙시키려는 것일 수도 있지만, 내 의도는 여러분 자신의 잠재력에 불을 붙이려는 것이다. 단순히 화나게 하려는 게 아니라 여러분의 훌륭함을 깨닫게 하려는 것이다. 잠깐만 이렇게 상상해보자. 당신 인생에는 의지가 결여되어 있다고 말이다. 띄엄띄엄 소심한 그런 의지가 아니라 대담한 의지, 다음에 벌어질 일에 대비가 되어 있고 그에 맞게 행동할 준비가 된 그런 의지. 변화할 의지, 놓아줄 의지, 받아들일 의지. 의욕이 넘치는 진짜 마법 같은 의지.

인생은 기다려주지 않는다

"운명은 의지를 가진 자는 앞에서 인도하고, 주저하는 자는 질질 끌고 간다."

_세네카

여러분이 운명을 좌우하든지, 운명이 여러분을 좌우하든지,

둘 중 하나다. 여러분이 멈춰 서거나 꾸물댄다고 해서 인생이 기다려주지는 않는다. 여러분이 확신하지 못하거나 두려워한다고 해서 인생이 기다리지도 않는다. 여러분이 뭘 하든 인생은 계속된다. 여러분이 적극적으로 어떤 역할을 맡든, 안 맡든 쇼는 계속될 것이다.

그래서 내가 고객들에게 가장 먼저 가르치는 단언의 문장이 바로 '나는 의지가 있어'이다.

자신에게 정직하게 이 말을 하려면 먼저 이렇게 자문해봐야 한다. '나는 의지가 있는가?' 이 질문은 답을 요구한다. 공허한 우주 속에 그냥 남겨질 수 없는 질문이다. 나는 의지가 있는가? 이 질문은 반응을 기다린다. 나는 의지가 있는가? 저항할 수 없는 힘을 가진 질문이다. 진실을 요구하는 질문이다.

나는 스포츠센터에 갈 의지가 있는가?
나는 계속 미루고 있는 그 프로젝트를 추진할 의지가 있는가?
나는 사회생활을 하면서 생기는 두려움을
직면할 의지가 있는가?
나는 연봉을 올려달라고 할 의지가 있는가?

아니면 이 형편없는 회사를 그만둘 의지가 있는가?

간단히 말해서 지금 살고 있는 삶을 그만두고 원하는 삶을 살 의지가 있는가? 이 모든 것은 의지가 있어야 가능한 일이다. 의지는 고무줄처럼 늘어났다 줄어들었다 하면서 삶을 피어나게 했다가 시들게 했다가 한다. 의지는 이미 당신 안에 있다. 스위치만 '틱' 하고 켜주면 된다.

종종 우리는 자신이 꾸물대거나 게으르거나 동기가 부족하다고 생각한다. 하지만 실제로는 그냥 그러고 싶은 의지가 없을 뿐이다. 우리가 뭔가를 미루거나 회피하는 이유는 그 일을 하고 싶지 않거나 할 수 없다고 이미 스스로에게 말하고 있기 때문이다.

이런 행동은 단순히 성격상의 결함이라고 치부할 것이 아니다. 지금은 없어 보이는 그 의지를 일어나게 만들어야 한다. 말하자면 잠재적 의지에 불을 붙여야 한다. 이렇게 가능성을 품은 열린 마음 상태를 만드는 일에 당신은 아주 능하다. 그 옛날 어느 시점에는 얼마든지 손쉽게 그렇게 됐기 때문이다. 젊음의 활력과 동심의 호기심 덕분이었다. 그러다 언젠가부

여러분이 멈춰 서거나
꾸물댄다고 해서
인생이 기다려주지는 않는다.
여러분이 확신하지 못하거나
두려워한다고 해서
인생이 기다리지도 않는다.
여러분이 뭘 하든
인생은 계속된다.

터 우리는 이런 마법과도 같은 상태를 더 이상 경험하지 못하게 됐다.

유명한 철학자이자 정치학자인 니콜로 마키아벨리는 이렇게 말했다.

"의지가 크면 어려움이 크지 않다."

잠시만 이 말을 생각해보자. 인생에서 무엇에 맞닥뜨렸는지, 어떤 장애물을 넘어야 하는지는 중요하지 않다. 저런 상태의 의지를 만들어낼 마음만 있다면, 그게 바로 출구가 되어 노력을 기울이고, 조치를 취하고, 차질을 감당하고, 궁극적으로는 당신이 바라는 인생의 변화와 진전을 가져오게 해줄 것이다.

'나는 의지가 있어'라는 단순한 문장이 심대한 의미를 갖는 것은 그 때문이다. 이 문장이 약속하는 것들을 믿기만 한다면 더 많은 힘과 활력을 얻을 것이다. 이 문장이 주는 약속에 마음을 열어라.

다시 한 번 묻겠다. 당신은 의지가 있는가?

이런 거지 같은 상태를
더 이상 참고 싶지 않을 때

어쩌면 사실 당신은 의지가 없을 수도 있다. 실제로 그게 당신이 내놓을 수 있는 최선의 답일 때도 많다.

때로는 의지가 없다고 선언하는 게 의지가 있다고 선언하는 것 못지않게 강력한 힘을 발휘하기도 한다.

건강하지 않은 몸으로 살 의지가 있는가? 아닐 것이다. 하루 벌어 하루 먹고 살 의지가 있는가? 아닐 것이다. 절대 성공하지 못할, 지속되지 않을 관계를 참고 견딜 의지가 있는가? 아닐 것이다.

나는 그럴 의지가 없다.

특정한 행동을 할 의지가 없어도 결의와 다짐에 불이 붙는다. 지금의 상황에 빠르고 강력히 대처하게 만든다. 무언가를 할 의지가 없는 것은 종종 모래 위에 선을 긋는 것처럼, 더 이상 지나온 길로는 되돌아가지 않겠다는 뜻이 되기도 한다.

채워지지 않고 만족할 수 없을 때, 그냥 숨만 쉬는 것을 계속할 의지가 없을 때, 오직 그때에만 우리는 변화에 필요한 노력을 기울인다. 이런 거지 같은 상태를 더 이상 참고 견디고 싶지 않을 때 오직 그때에만 우리는 뭔가를 하기 시작한다. 종종 더 이상 '이 짓'을 계속하고 싶지 않은 것보다 더 큰 변화의 동기는 없다. 지금 당신의 삶에서는 어느 쪽이 더 설득력이 있는가? '나는 의지가 있어'인가, '나는 의지가 없어'인가? 무언가를 할 의지가 없는 것도 의지가 있는 것만큼 강력한 힘을 발휘할 수 있다는 말의 뜻을 알겠는가?

저마다 처한 상황에 따라 '나는 의지가 있어'라는 단언에서 힘을 얻는 사람도 있고, '나는 의지가 없어'라고 선언함으로써 더 큰 힘을 얻고 결의를 다지는 사람도 있다. 상황에 따라 양쪽 모두에서 똑같이 동기를 얻을 수도 있다.

당신이 어느 쪽에 속하든 자기 단언의 형태를 바꾸는 것도 가능하고, 문제에 접근하는 방식을 새롭게 규정하는 것도 가능하다.

예를 들어 묻는다. 당신은 새로운 직업을 찾을 의지가 있는가? 그렇다. '나는 의지가 있다.' 싫어하는 직장에 계속 다닐 의지가 있는가? 아니다. '나는 의지가 없다.'

두 가지 단언 모두 효과적일 수 있다. 어느 것이 자신의 성향과 상황에 잘 맞을지는 여러분이 결정할 문제다. 여러분한테는 어느 쪽이 효과가 있겠는가?

당신은 이대로 사는 게 그런대로 참을 만한 게 틀림없다

쳇바퀴에서 빠져나올 의지가 없는 게 다른 이유 때문일 때도 있다. 이때는 스스로에게 무엇을 묻건, 얼마나 자주 그 말을 하건, 그런 건 별로 중요하지 않다. 당신은 무언가를 바꿀 수 있을 만큼 오랫동안 의지를 발휘할 수 없기 때문이다. 시작은 누구보다 잘하는데 끝맺음은 도통 못하는 사람들이 있다. 깊이 파고들어 보면 결국 매번 당신은 그냥 그대로 있고 싶은 의지가 강했다는, 냉정한 현실과 마주할지도 모른다. 지금까지 당신은 삶을 근본적으로 바꿀 의지가 없었고, 요요현상이 오지 않게 살을 뺄 의지도 없었다. 마음속 어딘가에서 당신은 이대로 사는 게 괜찮다고 말한다. 그렇지 않고서야 여태 바뀌지 않았을 리가 없지 않은가! 당신은 이렇게 사는 게 그런대로 참을 만한 게 틀림없다.

사실 그래도 괜찮다. 지금 이대로 살기로 결심했다는 사실을 똑바로 직시하는 것은 다른 길을 가기로 결심하는 것만큼이나 강력한 힘을 발휘할 수 있다. 왜냐하면 때로는 내가 나 자신을 행복하지 않은 상태에 두고 있다고 인식하는 것만으로도 진짜 변화를 시작할 자극이 될 수 있기 때문이다. 하지만 이때 자기 자신을 비난하거나 성격상 결함의 희생자로 만들지는 말아야 한다. 뻔히 알면서도 다른 사람이 아닌 나의 행동과 선택을 통해 여기까지 왔다는 사실을 깨닫는 순간, 의식적이고 체계적으로 거기서 벗어날 길도 열린다. 그렇게 되면 최소한 당신은 현실을 인정할 수 있다. 지금까지의 현실을 기꺼이 받아들이고 상상도 못할 미래를 향해 용기 낼 수 있는 토대를 마련할 수 있다.

> "갖지 못한 것에 한탄하지 않고 가진 것을 기뻐하는 자가 현명한 사람이다."
>
> _에픽테토스

변화의 의지가 없다는 사실을 직시하고 말로 표현하고 나면 나라는 존재와 내 인생을 다시 한 번 생각해볼 수 있다. 그리고 적어도 새롭게 시작할 수 있는 작은 빛 한줄기를 만들어낼 수 있다. 과거라는 드라마로부터 내가 해야 할 과제(혹은 뭐가 되었든 당면한 문제)를 분리시키고 나면, 더 열린 태도로 문제를 대할 수 있다. 감정의 소용돌이에서 벗어나 문제의 핵심으로 직진할 수 있다.

의지가 없다는 사실을 인정하는 것만으로도

우리의 목표 중에는 현실과 아무 관련이 없는 것들도 있다. 오해하지 마라. 하늘의 별을 향해 손을 뻗고 불가능해 보이는 것을 이루려고 노력하는 사람들을 나는 전적으로 지지한다. 예를 들어 징그러울 만큼 부자가 되고 싶은 마음은 누구나 마찬가지일 것이다. 하지만 당신은 그 정도로 많은 돈을 버는 데 필요한 일들을 할 '의지'가 있는가? 일주일에 80시간을 일하고 휴가도 없이 일할 의지가 있는가? 더 많은 책임을 감당하고 위험을 감수할 의지가 있는가? 실제로 징글징글한 부자가 되는 데 필요한 것들을 직시하고 감당해본 적이 있는가? 삶과 정신이 끝없이 고갈되는 기분을 느껴본 적이 있는가? 우리 사회는 제일 돈 많은 사람, 제일 똑똑한 사람, 제일 예쁜 사람, 제일 옷 잘 입는 사람, 제일 웃긴 사람, 제일 강한 사람이라면 사족을 못 쓰는 문화를 만들었다. 그러다보니 우리는 그냥 나 자신일 수 있는 능력을 잃어버렸다. 나 자신의 길을 택할 수 있는 자유를 잃어버렸다. 그리고 사회나 가족이 기대하는 사항들을 짐처럼 짊어지고 살아간다. 그래서 결국은 어떻게 됐을까? 수많은 사람들이 실망하고 공허함을 느끼게 된 것만은 분명하다.

그렇다고 해서 근사한 삶의 목표들을 추구하지 말아야 한다는 뜻은 아니다. 그게 정말로 당신이 원하는 거라면 말이다. 또한 당신 자신을 정체시켜놓고 더 이상 발전하지 말아야 한다는 뜻도 아니다. 장시간 일하며 삶의 질을 포기하는 게 그 자체로 잘못된 것은 아니다. 원하는 수입을 얻거나 바라는 커리어를 갖기 위해 그렇게 사는 데 전혀 불만이 없는 사람도 있다. 하지만 많은 사람들이 지금 추구하고 있는 그것을 애당초 왜 추구하게 됐는지조차 잊고 산다.

우리는 내가 갖지 못한 것에만 초점을 맞추는 경우가 너무 많다. 깊이 생각해보면 꼭 필요한 것도 아니고 심지어 원치 않는 것일 수도 있는데 말이다. 이렇게 말하면 고개를 끄덕이는 사람도 있을 것이다. '맞는 말이야. 굳이 백만장자가 될 필요는 없지'라든가, '사실 나는 복근을 갖고 싶은 마음도 없었어'라고 생각할지 모른다.

물론 그것도 괜찮다. 다음번에 당신이 근사한 자동차를 봤을 때 '나는 왜 저걸 가질 수 없을까?'라고 생각하지만 않으면 된다. 혹은 잡지 표지를 보며 '나는 왜 저렇게 생길 수 없을까?', '나는 왜 저렇게 좋은 옷을 입을 수 없을까?'라고 생각하지만 않으면 된다. 내가 얻으려고 애쓰는 게 정말로 내가 원하는 것이 맞는지, 우리는 끊임없이 확인해봐야 한다. 이것은 한번 묻고 끝낼 수 있는 질문이 아니다.

그래서 정말로 그걸 원한다면, 가서 얻어내라. 오늘부터 당장 전략을 짜고, 현실을 상대하고, 필요한 행동을 해서 더 많이 쟁취하라.

그렇지만 단지 혼다가 아니라 BMW에서 일하고 싶은 마음으로 일주일에 10시간에서 20시간을 더 운전해 출근할 의지가 있는 게 아니라면, BMW에 대한 동경은 그만 머릿속에서 접어라. 그런 건 완전히 생각 낭비다. 아닌 척 하는 것도 그만둬라. 당신한테는 그 일을 이루는 데 필요한 행동을 할 의지가 없다는 사실을 직시하고, 그동안 스스로에게 허튼소리를 해왔음을 인정하라. 그러고 나면 실제 당신의 삶을 훨씬 더 좋아할 수 있을 테고, 정말로 인생에서 바라는 것들을 위해 노력할 수 있는 여유가 생길 것이다.

나는 스무 살 때의 몸매로 돌아가기 위해 내가 좋아하는 음식을 모조리 포기할 '의지가 없다.' 나는 연봉의 자릿수 하나를 늘리기 위해 가족과 보내는 시간을 포기할 '의지가 없다.'

현실을 직시하라. '나는 의지가 없어'라는 사고방식을 장착하고 나면, 더 이상 내가 원한다고 생각하는 것들을 볼 때마다 죄책감이나 원망, 후회로 가득 찰 필요가 없다. 이제는 나의 현실과 의지가 밀접히 연결되고 조화를 이룬다. 그리고 만약 향후에 정말로 그것들을 추구하고 싶어지면, 그때는 바로 그 현실에서부터 출발해 계획을 짜면 된다.

누구나 마음속에서 일을 크게 키운다, 실제보다

자신의 삶이나 목표를 아주 유심히 들여다볼 때 좋은 점 중에 하나는 거기에 이르게 된 과정을 어쩔 수 없이 재평가하게 된다는 점이다.

하루 30분 운동을 하는 게 정말로 내가 생각하는 것처럼 불가능할까? 물론 땀이 좀 나고 지치기야 하겠지만 좋아하는 음악을 틀어놓으면 시간도 빨리 갈 것이다. 그리고 처음에는 힘들지 몰라도 나중에는 익숙해질 테고 점점 근력도 길러질 것이다.

회의에서 내가 아이디어를 낸다고 한들, 최악의 경우 무슨 일이 생길까? 아이디어가 무시되는 것? 그러면 어때서? 여러분이 직면한 과제가 이보다 더 큰일이라고 하더라도, 예컨대 몇 년치 체납된 세금을 내야 하거나, 잡동사니가 가득한 창고 정리를 해야 하거나, 그동안 거짓말을 한 사람에게 진실을 얘기해야 하더라도 변화의 출발점은 똑같다. '의지' 말이다.

우리는 누구나 마음속에서 일을 실제보다 훨씬 더 크게 키운다는 사실을 잊지 마라. 진실을 이야기하는 것은 사하라 사막을 횡단하는 것처럼 힘든 일이다. 만약 당신도 이런 경우라면 과제를 여러 개의 의지 표명으로 작게 쪼개라. '일어난다', '침대에서 나온다', '이메일을 열어본다'처럼 말이다.

물론 여러분은 앞서 말한 예시들보다 훨씬 큰 무언가를 상대하고 있을 수도 있다. 하지만 더 큰 일이라고 해도 똑같은 방법이 역시나 훌륭히 효과를 낸다. 여러분한테 뭔가 어두운 비밀이 하나 있다고 치자. 수치스럽거나 죄의식을 느끼고 있거나 원망하고 있다고 말이다. 어쩌면 그 비밀 때문에 여러분은 인생이 크게 바뀔 수도 있다. 만약 '나는 지금까지 거짓말을 해온 그 사람한테 진실을 말할 의지가 있는가?'와 같이 문제를 규정하고 나면, 진실을 털어놓는 일이 '이야기를 하고, 상대의 얘기를 듣고, 결과를 감당한다'로 정리된다. 두려울 수도 있지만, 못할 일은 아니다. 중요한 것은 과제 자체가 아니라 그 과제를 해냈을 때, 그 이후에 가능해질 삶이다. 이제 실컷 마음을 열 수 있게 되면, 숨길 것도 없고, 거짓말할 필요도 없고, 마음에 담아두거나 얼버무려야 하는 것도 없다면, 여러분은 얼마든지 스스로를 표현하며 생기에 넘치게 될 것이다.

회의에서
내가 아이디어를
낸다고 한들,
최악의 경우
무슨 일이 생길까?
아이디어가 무시되는 것?
그러면 어때서?

대부분의 경우 실제로 우리가 맞닥뜨린 과제는 머릿속으로 생각하는 것보다 훨씬 간단한 경우가 많다. 문제는 우리가 시간을 내서 그 과제를 제대로 들여다보지 않는다는 점이다. 우리가 마주한 과제 중에 어떤 것들은 분명히 쉽지 않을 것이다. 그러나 동시에 어려움을 넘고 나면 그 반대편에는 꿈꾸던 삶이 펼쳐질 것이다. 우리가 기꺼이 한번 살아보고 싶은 그런 삶 말이다.

이제 말하라. '나는 의지가 있다.'

내 인생에 개입할 수 있는 힘

세상을 내가 '원하는 듯 보이는' 것과 '원하지 않는 듯 보이는' 것이 아니라, 내가 추구할 '의지가 있는 것'과 '의지가 없는 것'의 렌즈로 보기 시작하면 모든 게 훨씬 더 분명해진다.

남들이 가진 것을 가지려고 안달하느라 시간을 낭비하는 대신, 나에게 정말로 중요한 것에 초점을 맞추게 될 것이다. 부러움, 정욕, 욕망 따위를 내 삶을 더 좋게 바꾸려는 의지로 대체하고 나면, 그제야 모든 게 제대로 보인다는 사실을 깨닫게 될 것이다.

내가 정말로 할 의지가 있는 일이 뭔지 이해하고 나면, 무의식적인 생각과 느낌에 대한 통제권도 되찾아올 수 있다. 정말로 가고 싶은 곳으로부터 오히려 멀어지게 만들었던 그 생각과 느낌들을 다시 내 뜻대로 통제할 수 있다. 우리는 내 진실이 무엇인지 결정할 능력이 있다. 내 진실은 자꾸만 끼어드는 어떤 무의식적 오류로부터 만들어지는 게 아니라 내가 인지하고 의식하는 나 자신으로부터 나온다. 또한 나 자신을 위해 개입할 수 있는 힘으로부터 나온다. 의지 역시 하나의 진실이며, 오직 여러분만이 만들 수 있는 아름다운 진실이다. 이제는 더 이상 '나는 백만장자가 아니니까 실패했어'라든가 '나는 44사이즈가 아니니까 게을러' 같은 생각 때문에 거지 같은 기분을 느끼지 않아도 된다. 왜냐하면 앞으로 일어나는 모든 일은 내 선택의 결과이기 때문이다. 인생의 장애물들을 '내가 의지를 갖고 있는 것'과 '의지를 갖고 있지 않은 것'으로 규정하고 나면 그동안 나를 가둬놓았던, 나 스스로가 만든 장벽들을 깨부술 수 있다. 엉뚱한 자기 대화나 과장된 기분을 간파할 수 있다.

필요한 것을 할 의지가 있을 때는 다른 무엇도 문제가 되지 않는다는 사실을 알게 될 것이다. 당신이 정말로 의지가 있는 일은 결코 미루지 않을 것이다. 맡기로 한 책임을 소홀히 하지도 않을 것이다. 왜냐하면 그 일을 하고 싶은 강렬한 의지가 있기 때문이다.

의지. 이게 바로 가능성과 잠재력의 무한한 샘을 복원시켜줄 원천이다. 여기서부터 새로운 미래가 시작되고 완전히 새로운 당신이 시작될 것이다.

답이 들릴 때까지 계속해서 자신에게 물어보라. '나는 의지가 있는가?' 아침에 가장 먼저, 잠들기 전 가장 마지막에, 운전을 하고 있을 때, 샤워를 하고 있을 때도 계속해서 물어보라. '나는 의지가 있는가?' 당신의 의식 전체에 '그래'라는 대답이 울려 퍼질 때까지 계속해서 물어보라. 나는 의지가 있다!

다시 묻겠다. '당신은 의지가 있는가?'

Chapter 3

인생이라는 진창에서 예측 가능한 들판만 털털거리며 달리는 중인 당신에게

시작의 기술 2
'나는 이기게 되어 있어'

UNFU*K YOURSELF

사실 당신은
지금의 삶에서
이기고 있다.

당신이 인생에서 지고 있다고 생각할 때조차 실제로는 이기고 있다면? 일어나는 모든 일이 실제로는 승리의 결과라면?

사실이다. 이건 자기계발서에서 하는 듣기 좋으라고 늘어놓는 헛소리도 아니고, 내가 여러분한테 책 팔아먹자고 억지로 하는 얘기도 아니다.

여러분은 승자다. 여러분은 하나씩 차례로 목표를 이뤄왔고, 지금까지 줄곧 승승장구해왔다. 여러분이 결심한 일은 모두 현실이 됐다.

아마 내가 미쳤거나 여러분이 미친 건가 하는 생각이 들 것이다. 어쩌면 내가 다른 사람한테 얘기하는 거라고 단정할 수도 있다. 당신만 빼고 누구든 다른 사람한테 해당되는 얘기라고 말이다. 우리 둘 다 미친 사람이 되기 전에 내가 그 이유를 설명하겠다.

이런 시나리오가 있다고 한번 상상해보라. 평생 동안 당신은 사랑을 찾아다녔다. 당신의 삶을 공유할 특별한 단 한 사람을 찾고 있었다. 그런데 여태 그 일은 벌어지지 않았다(지금 드는 것은 예시일 뿐이다. 여러분이 빠져나가지 못하고 계속 맴돌고 있다고 생각하는 영역이라면 삶의 그 어느 영역이든 동일하게 적용할 수 있다). 당신은 사람도 여럿 만나고 사귀기도 했지만 그들 모두가 '영원히 함께' 하기에는 어딘가 부족했다. 특별한 그 사람과 함께 하고 싶은 당신의 꿈은 실현되지 못했다. 동화는 언제나 끝나게 마련이고, 그 끝이라는 것은 종종 아주 익숙한 결말이 된다.

어느 정도 시간이 지나고 당신은 희망을 잃기 시작한다. 내가 꿈꾸는 그 사람을 만날 수 있기는 한 걸까? 어쩌면 나는 그냥 연애가 어울리지 않는 사람인가?

과연 나를 사랑해줄 사람이 있기는 있을까?

내가 사랑 받을 자격이 있을까?

나는 왜 만날 같은 유형의 사람에게 끌리는 것 같을까?

당신은 어린 시절을 되돌아본다. 그 시절 당신은 충분히 사랑받지 못한다고 느꼈다. 혹은 아웃사이더처럼 느꼈던 사춘기 시절을 떠올릴 수도 있다. 아니면 매번 사람이 달라졌다는 것 말고는 비슷하게 전개되었던 과거의 연애사들을 줄줄이 떠올릴 수도 있다. 너무나 절망적이다!

그러던 어느 날 누군가를 만난다. 몇 번 데이트를 해보니 두 사람은 함께 있는 시간이 정말 즐겁다는 사실을 알게 된다. 그게 몇 주가 되고 몇 달이 되었는데도 모든 게 순조롭다.

그리고 결국 그 날이 온다. 두 사람은 더 이상 참지 못하고 '사랑한다'라는 말을 처음으로 나눈다.

당신은 사랑에 빠졌을 뿐만 아니라 '이 사람이 혹시 그 사람인가?'라는 생각까지 든다. 혹시 이번일까? 와아아아아아아!!! 행복과 흥분, 가능성이 점점 더 커지고 생생해진다.

그러던 어느 날 의심이라는 먹구름이 드리우기 시작한다. 별 것 아닌 것처럼 시작되어 서서히 커지더니 갑자기 비바람이 되어 몰아치기 시작한다. 사랑에 빠진 지 얼마 되지도 않아 두 사람은 사이가 벌어지기 시작한다. 아무것도 아닌 일이 싸움으로 번진다. 불꽃이 튀던 화학적 반응은 서서히 사라져버리고 둘 사이의 관계는 황량하고 메마르고 시큰둥해진다. 결국 둘 사이에는 그저 함께 하기 위한 아주 기본적인 것들만이 남는다. 아, 설마 또.

그러다 어느 시점이 되면 더 이상 이건 아니라는 걸 두 사람 모두 알게 된다. 아마도 헤어질 수밖에 없는 지점에 도달할 테고 늘 겪던 그런 고약한 이별을 맞게 된다. 아니면 서서히 죽어가는 관계를 보다가 마침내 플러그를 뽑아야겠다고 결심하게 될 수도 있다. 어느 쪽이 되었든 결국 둘은 각자의 길을 간다. 당신은 상처 받았고 무참히 깨졌지만 결국에는 다 잘 될 거라고 마음을 다잡는다. 언젠가는.

하지만 실제로는 이미 잘 된 것이다. 진 것처럼 보일 수도 있지만, 그렇게 느낄 수도 있지만, 실제로 이것은 널리 알려야 할 영광스러운 승리다. 하늘이 내려준 대승이다. 만세!

사실 당신은 지금의 삶에서 이기고 있다.

하지만 만약 내가 원하는 삶이 이런 삶이 아니라면? 그래, 좋다. 하지만 당신이 지금 이기고 있는 삶은 그런 삶이다.

당신은 언제나 이기고 있다

나는 왜 실패한 연애를 승리라고 부르는 걸까?

인생에서 몇몇 사람이 없어졌으니 당신 삶이 훨씬 더 좋아졌다는 얘기를 하려는 게 아니다. 당신은 내리는 눈처럼 특별한 존재이니 준비가 되면 완벽한 사람을 만날 거라고 안심시켜주려는 것도 아니다. '나 잘났다' 식의 자동차 범퍼 스티커 메세지에 동의하려는 것도, 당신만 빼고 나른 무는 사람이 문제라는 식의 문화에 동조하려는 것도 아니다. 그런 말은 그저 사실이 아니라는 걸, 당신도 나도 이미 잘 알고 있다.

그런 얘기가 아니다. 그 실패한 연애에서 당신이 승리한 이유는 애초에 당신이 성취하려고 했던 바로 그것을 이뤘기 때문이다. 처음 "안녕하세요?"라고 말한 순간부터 당신이 성취하려고 했던 것. "그렇지만, 그렇지만 상대가 따라오질 못했다고요! 상대가 망쳐놨어요!" 무슨 말인지 안다. 하지만 처음부터 당신이 무의식적으로 그런 사람을 고른 거라면? 당신 인생에서 똑같은 에피소드를 만들고 또 만들기에 가장 적합한 사람이었다면?

실제로 당신은 아무도 자신을 사랑하지 않을 거라는 생각을 증명하는 일에 몰두해 있다면? 파란만장했던 어린 시절이나 안 좋은 이별에 대한 무의식적 반응으로 그런 생각이 이미 심어져 있는 거라면? 이 패턴이 당신의 무의식 깊숙이 박혀 있기 때문에 당신 자신이 적극적이고 계획적으로 연애의 성공을 방해한 것이라면?

당신은 아무 문제도 없었던 부분에 대해 예민해졌다. 꼬투리를 잡기 시작했고, 거슬리기 시작했고, 정말 별것도 아닌 일에 폭발했다. 시간이 지나면서 당신은 당신 생각을 증명했고, 당신의 연애는 당연히 뻔한 결말에 도달했다. 그렇다, 당신이 바로 이렇게 이기게 되어 있었다면?

당신은 자신이 사랑스런 연애를 할 자격이 없는 사람이라고 확신하고 있었다. 그래서 꼼꼼하게 그걸 증명할 계획을 세웠고 실제로 성공했다. 축하한다.

이제 당신이 구제불능의 가학피학성애자처럼 보이게 됐다고 걱정할 필요는 없다. 여전히 희망은 있기 때문이다.

위에서 내가 묘사한 사례가 전혀 마음에 와 닿지 않는 사람도 있을 것이다. 인생의 사랑을 만나 화목한 결혼생활을 하고 있는 사람도 있을 것이다. 아니면 훌륭한 구애자들을 여럿 놓고 행복한 고민 중일 수도 있다. 그러나 당신만의 어두운 부분이 분명히 있을 것이다. 인생에서 당신이 가장 힘을 못 쓰는 부분, 당신이 졌거나 지고 있는 것처럼 보이는 부분.

생각이라는 것은 너무나 강력해서 우리를 계속 **목표를** 향해 밀어붙인다. 심지어 그 목표가 실제 무엇인지 깨닫지 못하고 있을 때조차 말이다. 이처럼 당신의 두뇌는 늘 이기도록 만들어져 있다.

이것은 이성관계에만 해당되는 얘기가 아니다. 이런 힘은 당신의 커리어에도, 몸매에도, 주머니 사정에도, 그 외 당신이 하는 모든 일에 작동하고 있다. 당신은 이기게 되어 있다.

그래서 다음 단언이 나온다. '나는 이기게 되어 있어.'

당신은 언제나 이기고 있다. 당신의 두뇌가 그렇게 만들어져 있다. 문제는 당신의 무의식이 정말로 원하는 것과 당신이 원한다고 말하는 것이 서로 다를 때이다. 이 두 가지가 서로 극단적으로 다를 때도 있다.

스스로가 그어온 한계

줄기세포 및 DNA 연구 과학자로 유명한 브루스 립튼 박사가 발견한 바에 따르면 일상에서 우리 일의 95퍼센트를 통제하는 것은 무의식이라고 한다. 잠시만 한번 생각해보라. 이 말은 당신이 하는 모든 말과 행동 중에 진정한 의미에서의 의지가 작용한 것은 아주 일부에 불과하다는 뜻이다.

시간 가는 줄 몰랐던 때, 퇴근길에 운전을 했는데 오는 도중의 일이 하나도 기억나지 않았던 때, 오늘이 무슨 요일인지 기억나지 않았던 때를 한번 떠올려보라. 이럴 때 대부분 당신은 자동주행 모드다. 인생이라는 진창에서 예측 가능한 들판을 아무 생각 없이 털털거리며 달리는 중이다.

여러분은 자신의 여러 생각 중에서도 가장 깊은 곳의, 가장 눈에 띄지 않는 생각이 명령하는 길을 따라간다. 뇌가 끊임없이 여러분을 그 길로 몰아간다. 의식적으로 선택했다면 당신이 갔을 수도 안 갔을 수도 있는 길을 말이다.

수입을 늘릴 수 없을 것 같은가? 살을 뺄 수 없을 것 같은가? 혹시 수입이나 체중에 대한 당신의 무의식적 신념이 행동을 그렇게 몰아가고 있는 건 아닐까? 무심결에 당신은 '나는 경제적으로 이 계급에 속하고, 내 몸매는 이 수준'이라고 생각하기 때문에 늘 그렇게 가장 익숙한 장소에 머물게끔 스스로 행동하고 있는 건 아닐까?

나는 우리가 이기는 영역, 이기는 세상을 갖고 있다는 얘기를 자주 한다. 당신이 1년에 3천 만원을 번다고 치자. 그 자체가 하나의 영역이다. 그 돈을 벌기 위해 당신이 내리는 모든 계획과 전략, 생각이 그 영역의 일부다.

믿거나 말거나 6천 만원을 버는 게 3천 만원을 버는 것보다 반드시 더 힘들어야 하는 것은 아니다. 6천 만원을 버는 게 더 힘들 거라 생각하는 사람도 있겠지만 절대적으로 그렇지는 않다. 시간당 25,000원을 받는 사람이든, 5만 원을 받는 사람이든, 주당 40시간 근무는 동일하다. 당신이 그냥 바쁘기만 한 게 아니라 생산성이 높은지 어떤지 알아보는 것도 중요하지만, 때로는 다른 영역에 발을 들일 수 있느냐 자체가 관건인 경우도 있다. 대체 어떻게 해야 더 나은 영역에 입성할 수 있을까? 가장 먼저 발견하고 깨달아야 할 것은 당신이 스스로에게 한계를 그어왔다는 사실이다. 지금은 의식하지 못하고 있는 '당연시하는 것들'을 밝혀내고 깨달아야 한다. 당신이 자신과 남들, 인생에 대해 내려놓은 결론들을 알아내야 한다. 그 결론들이 당신의 잠재력을 제한하고 있다. 그 결론들을 깨버리고 지금 당신이 있는 곳을 벗어난 삶을 경험할 때에만 이 현상이 얼마나 강력한지를 이해할 수 있다.

물론 이렇게 말하면 지나치게 인생을 단순화한 것처럼 보일 수도 있다. 하지만 인생을 이렇게 본다면 당신에게는 전혀 새로운 성취의 세상이 열릴 수도 있다. 그러나 이 이야기는 다음 기회에 하기로 하자. 여기서는 여러분의 삶이 여러 개의 영역으로 쪼개져 있고, 여러분은 그중 한 영역에 존재하면서 이기는 중이라는 사실을 알면 된다.

즉 어느 영역이 되었든 여러분이 활동하고 있는 그 영역에서 이기고 있는 중이다. 그 영역에서는 여러분이 이기게 되어 있다. 그 영역을 벗어나기 위해서는 여러분의 자동주행 모드에 상당한 변화가 필요하다.

당신 인생의 문제 영역은 무엇인가

아직도 납득이 안 되는가? 그러냐 이제 거울을 당신 쪽으로 비춰서 당신의 승리가 정확히 어디서 오는지 찾아보자.

당신의 문제 영역을 한번 들여다보라. 당신의 삶에서 가장 고전하고 있는 부분이 무엇인가? 커리어인가? 나쁜 습관인가? 식이요법인가?

당신이 가진 문제점이 늘 마지막 순간까지 일을 미루는 점이라고 생각해보자. 당신은 도저히 더 미룰 수 없는 순간까지 기다렸다가 데드라인의 압박이 엄습해오면 갑자기 프로젝트에 허겁지겁 달려든다.

우리는 늘 무언가를 증명하는 일에서 이기고 있다. 위의 경우라면 당신은 시간이 없다는 것, 혹은 당신이 꾸물대는 사람이라는 것, 혹은 루저라는 것을 증명하는 데 성공했다. 그래서 당신은 늘 마지막 순간에 가서야 일을 하는 것이다. 아니면 뭔가 다른 것을 증명하려는 것일 수도 있다. 여기서 중요한 것은 스스로에게 자신의 행동을 들여다보라고 주문하는 일이다. 이 모든 일의 진짜 이유가 무엇인가? 모든 게 끝났을 때 당신이 옳았다는 게 밝혀지는 그 단언은 무엇인가?

앞서 연애를 예로 들었던 것처럼 우리는 나 자신이나 인생에 대한 어떤 믿음을 갖고 있다. 우리는 매일의 행동을 통해 그 믿음이 옳다는 것을 계속해서 증명하려 든다. 그 믿음은 우리의 현실 속에서 무시무시할 만큼 정확한 것으로 밝혀진다. 쳇바퀴를 돌리는 중인가? 대체 뭘 증명하려고 거기서 그러고 있는가?

'나는 사랑 받을 자격이 없어', '나는 똑똑하지 않아', '나는 실패자야', '나는 예전만큼 유능하지 않아.' 반복되는 이런 말들이 무의식 속에 쿡 박혀 있다면, 매번 당신이 이 말이 옳다는 것을 기막히게 증명해내는 것도 결코 무리가 아니지 않은가? 좀 다른 믿음, 좀 더 긍정적 믿음을 증명하려면 당신이 확고하게 갖고 있는 지금의 그 믿음들이 틀렸다는 사실부터 증명해야 한다. 당신이라는 사람에게는 그게 도저히 감당할 수 없을 만큼 두려운 일일 것이다. 실제로 이것은 지금의 당신을 만들어낸 아주 기본적인 토대까지 뒤흔드는 일이 될 것이다.

나를 찾아오는 많은 사람들에게는 공통점이 하나 있다. 무의식 속에서 부모가 자신을 잘못 길렀다는 사실을 증명하고 싶어 한다는 점이다. 그 욕망은 아주 다양한 방식으로 표출된다. 그중에는 아주 나쁜 방식도 있고, 미묘한 방식도 있고, 뻔한 방식두 있지만 모두 그들의 삶에 강력한 영향을 미친다.

당신 부모가 당신을 잘못 키웠다는 사실을 증명하기 위해 당신은 자신의 몸을 쓰레기처럼 취급할 수도 있고, 경찰에 체포될 수도 있다. 마약 중독자가 되거나 알코올 중독자가 될 수도 있고, 학교를 중퇴할 수도 있다. 번번이 연애에 실패할 수도 있고, 늘 돈 때문에 쩔쩔 맬 수도 있다. 그 외에도 아무 규칙도 없어 보이는 수많은 방식을 통해 우리는 길을 잃는다. 그러다가 일에서 압박감을 느낄 때면 연락을 끊고 잠적하기도 한다.

지금까지 얘기한 것은 모두 내 의뢰인들이 실제로 자신에 관해 뒤늦게 발견했던 사실들이다. 그들은 저런 행동을 통해 자신의 부모 중 한 명 혹은 둘 다가 제 할 일을 하지 못했다는 사실을 증명했다. 그 때문에 자신이 어른이 될 준비를 제대로 하지 못한 것이라고 말이다. 편리하게도 이런 믿음은 그들이 왜 저런 일을 저질렀고 왜 때때로 본인 인생에 등장하는 사람들에게 머저리처럼 구는지도 손쉽게 설명해줬다.

당신도 당신 삶에서 이런 일을 저지르고 있는 게 보이는가? 당신 인생에서 문제가 되는 영역은 어디인가? 이번에는 그게 왜 당신이 '이기고 있다'는 뜻인지 한번 생각해보라. 뭐가 보이는가?

일을 끝내는 데 어려움이 있는 사람이라면 자신이 무능하거나 게으르다고 믿는 것일 수도 있다. 멈칫거릴 때마다, 꾸물

나를 찾아오는
많은 사람들에게는
공통점이 하나 있다.
무의식 속에서
부모가 자신을
잘못 길렀다는 사실을
증명하고 싶어 한다는 점이다.

거릴 때마다 당신의 그런 생각은 증명된다. 당신은 자신이 정말로 무능하고 게으른 사람이라는 사실을 자기 자신과 남들에게 증명하는 중이다. 우리는 왜 이런 일을 벌일까? 우리는 생존 기계다. 다가올 삶에서 살아남는 방법 중에 과거의 삶을 다시 사는 것보다 더 안정적인 방법이 있을까? 아무리 나쁘고 부정적이었다고 한들, 어쨌든 그 길은 나를 여기까지 데려다주지 않았던가? 덕분에 나는 살아남았으니까.

위 사례들처럼 여러분 자신을 한정 짓지 마라. 이 사례들은 말 그대로 사례일 뿐이다. 여러분은 완전히 다른 길에서 승리할 수도 있다. 잠깐만 시간을 내서 자신의 내면을 들여다보라. 필요하다면 눈에 보이는 패턴들을 받아 적어라. 퍼즐을 끼워 맞춰보라.

훌륭한 부모 아래에서 자랐는데도 도무지 한 사람에게 정착하지 못하는 사람도 있을 수 있다. 누구를 만나더라도 자라면서 보았던 그 모범적인 모습의 발끝에도 미치지 못할 거라고 믿고 있기 때문은 아닐까?

중요한 것은 누구나 이런 부분을 갖고 있다는 점이다.

당신 삶에서 큰 역할을 했던 수많은 상황을 찾아내 서로 연결해보라. 살을 빼겠다는 약속, 돈을 모으겠다는 약속, 속에 있는 말을 하겠다는 약속을 어겼던 경우를 모두 글로 적어보라. 스포츠센터를 몇 번이나 빼먹었는지 기억해보라. 은행 대신 쇼핑몰에 갔던 경우를 떠올려보라. 그중 하나를 골라 내가 이겼던 경우는 없는지 살펴보라. 그러면 안 된다는 것을 알면서도 화를 내고 다툰 적은 또 얼마나 많은가? 이 모든 게 무엇을 가리키는가?

당신이 이기고 있는 영역이 무엇이든, 한 가지는 깨닫게 될 것이다. 그 영역에서 이기는 데 당신이 '정말로 능하다'는 사실 말이다.

당신은 싱크대에 놓인 설거지감들을 며칠이고 회피할 수도 있다. 집 안에 있는 접시란 접시, 컵이란 컵, 수지까지 몽땅 다 꺼내 쓰고 플라스틱 통에 시리얼을 담아 조리용 나무 주걱으로 떠먹는 창의력까지 발휘할 수도 있다. 이런 생활의 지혜가 있나. 사진을 찍어 SNS에라도 올려라.

사실 이건 괴상하지만 아주 인상 깊은 일이다.

시간을 내서 이 렌즈를 통해 당신의 삶을 분석해본다면 내 말이 맞다는 것을 깨닫게 될 것이다. 당신은 정말이지 이기도록 되어 있다. 당신은 마음으로 정해놓은 일들을 성취할 수 있고 실제로 성취하고 있다.

스토아학파 철학자 세네카는 이렇게 말했다.

"정복되지 않는다는 게 마음이 가진 힘이다."

지금 당신의 마음은 아무도 정복할 수 없다. 당신의 마음은 내가 사랑 받을 자격이 없고, 게으르며, 늘 뚱뚱하고, 늘 돈 한 푼 없을 거라는 걸 증명하기로 작정했다.

하지만 우리가 생각을 조금만 바꾼다면 정복할 수 없는 마음의 본성을 이용해 온갖 긍정적인 목표와 꿈들을 추구하게 만들 수도 있다. 우리는 이기게 되어 있다. 우리는 그저 옳은 방향을 가리키기만 하면 된다. 그러면 의식적으로 선택한 일에서도 이길 수 있다.

자신의 위대함을 끌어내라

"인생의 행복은 생각의 질質에 달려 있다. 그러니 그에 맞게 경계하라. 그리고 미덕이나 이성적 본성에 맞지 않는 생각은 품지 마라."

_마르쿠스 아우렐리우스

우리가 무슨 일을 하든 무의식이 얼마나 대단한 역할을 하는지 이야기했다. 기회가 있을 때마다 의식적으로 옳은 결정을 내린다고 하더라도, 그것은 일상의 극히 작은 일부에 해당할 뿐이다.

'나는 이기게 되어 있어'라는 자기 단언은 당신과 당신의 마음이 얼마나 강력한지 깨닫게 도와줄 것이다. 하지만 여전히 당신에게는 게임 플랜이 필요하다.

이 말은 곧 우리가 우리의 '버킷'에 옳은 생각을 채워야 한다는 뜻이다. 이렇게 시작해보라.

당신의 삶에서 바꾸고 싶은 것을 떠올려보라. 그것은 앞서 보았던 당신의 문제 영역과 관계될 수도 있고 전혀 다른 내용일 수도 있다.

당신이 정말로 진전을 보고 싶은 영역은 어디인가? 당신이 정말로 성취하고 싶은 일은 무엇인가?

그 목표를 잘게 나눠라. 그걸 성취하려면 정확히 어떤 단계를 밟아야 하는가? 진전을 이뤘는지 확인할 수 있는 이정표는 무엇일까?

살을 빼고 싶다면 어떻게 해야 제대로 된 식단을 갖추고, 운동을 더 많이 하고, 건강에 도움이 되는 습관을 더 많이 키울지 생각해보라. 당신이 매일 해야 할 행동에는 어떤 것이 있는지 꼼꼼히 확인해보라. 그리고 그것을 실현시켜라.

거기서 멈추지 마라. 더 날씬해지기 위한 당신의 여정 도중에, 그리고 그 이후에 마음가짐이 어떻게 바뀌어야 할지 생각해보라. 당신은 목표를 부단히 추구해야 한다. 특히 머릿속에서 자동적으로 흘러나오는 과거의 익숙한 목소리가 커질 때는 더욱더 조심해야 한다.

문제를 정면으로 마주하면 당신 자신에 대한 느낌이 어떻게 달라질까? 당신이 되고 싶었던 날씬하고 건강한 사람이 되면, 자신에 대한 믿음이 어떻게 달라질까? 그런 삶은 어떻게 보일까? 자신이 갑자기 근사해질 거라고 생각한다면 미리 경고하지 않을 수 없다. 당신의 미래는 당신의 현재에 대한 답이 아니다.

앞서 이야기한 것처럼 무의식적 생각은 당신의 정신 깊숙이 박혀 있다. 눈에 보이지는 않아도 강력한 그 생각들을 당신이 말한 목표에 어울리게 바꾸려면, 수많은 생각과 상상, 다짐이 필요하다. 이 책을 한 장 한 장 읽을 때와 마찬가지로 여유를 낼 수 있는 시간을 만들어라.

앞서 떠올린 당신의 문제 영역들을 찬찬히 들여다보면, 인생의 어느 시점엔가 아주 큰 감정을 불러일으켜서 그 문제를 당신의 마음에 심어놓은 사건이 떠오를 수도 있다. 그 사건은 누군가 바람을 피운 일일 수도 있고, 어린 시절 따돌림의 기억일 수도 있다. 혹은 부모가 당신의 필요나 욕구를 충족시켜주지 못했던 일일 수도 있고, 많은 사람 앞에서 망신을 당했던 기억일 수도 있다. 또 커리어상에 큰 실패를 경험했던 일일 수도 있다.

미래에 관해 그리고 정말로 이루고 싶은 일에 관해 많이 생각하면 할수록, 과거에서 비롯된 저 사고 과정은 더 깊이 당신의 마음속을 파고들어 주도권을 쥐려고 할 것이다. 기억하라. 그동안 당신이 정말로 이기려고 했던 일이 뭔지 알아낼 때 중요한 것은 그런 생각이나 행동에 저항하고 맞서 싸우는 일이 아니라, 방향을 바꿔 당신에게 새로운 목표와 결과를 제시하는 것이다. 이는 마치 경로를 이탈했을 때 당신의 각성을 일깨우고 붉은 깃발을 드는 것과 비슷하다. 자신의 패턴을 더 잘 이해할수록 그 패턴을 바꿀 수 있는 가능성도 높아진다.

당신 인생의 목표라고 천명할 내용을 정확히 세우고 그것을 이루기 위한 행동을 부단히 실천한다면 남은 것은 오직 시간 문제일 뿐이다.

우리는 이기도록 되어 있다. 당신은 이기도록 되어 있다. 당신의 게임이 무엇인지 정의하라. 도전을 받아들여라. 더 의미 있는 방식으로 더 깊이 자신을 이해하도록 노력하라.

자기 자신을, 그리고 자신에게 주어진 각종 제약을 진정으로 이해한다면 무한한 자유와 성공이 펼쳐질 것이다. 당신에게 이미 각인되어 있는 사항들이 무엇인지 더 많이 이해할수록 그 영역에 더 많은 기회와 공간이 만들어질 것이다.

한발을 내딛어라. 당신 자신을 믿어라. 승리할 수 있는 당신의 능력에 자신을 온전히 던져라. 자신이 새롭고 흥미진진한 방식으로 승리할 수 있게 도전을 허락하라. 당신의 위대함을 끌어내라. 내 말을 따라하라. '나는 이기게 되어 있다.'

Chapter 4

누구나 저마다의 문제가 있다. 삶이 늘 완벽할 수는 없다

시작의 기술 3
'나는 할 수 있어'

언제나 아름답지만은
않을 것이다.
늘 즐겁지도 않을 것이다.
하지만
당신은 할 수 있다.

오, 이런.

누구나 살면서 약간 의기소침해지고 열패감을 느끼는 시기가 온다. 그럴 때는 아무것도 뜻대로 되지 않는 것처럼 보인다. 그렇다고 우리가 완전히 포기한 것은 아니지만(가끔은 포기할 때도 있다), 동시에 너무나 힘든 것도 사실이다.

당신은 엄청난 문제에 직면해 있을 수도 있다. 직장에서 해고되었거나, 배우자가 이혼 소송을 냈거나, 자동차가 부서졌거나, 이 세 가지가 동시에 일어났을 수도 있다. 원래 불운은 한꺼번에 온다고 하지 않는가?

혹은 이보다는 덜 심각한 문제가 있을 수도 있다. 제일 좋아하는 셔츠가 보이지 않거나, 안경이 부서졌거나, 키우는 개가 우편물을 씹었을 수도 있다. 어젯밤 잠을 잘 못 잤거나, 저녁 식사로 만든 요리를 태웠을 수도 있다.

문제는 우리가 겪는 부정적 경험이 그 하나로 그치는 경우가 별로 없다는 점이다. 부정적 경험은 전염된다. 마치 독성물질처럼 우리 삶의 모든 면면에 스며든다.

경제적으로 문제가 있다면 당신은 의식적으로든 무의식적으로든 저녁 식사 자리에서 그 점을 강조할 테고 식사는 즐겁지 않을 것이다. 가족들과 함께 있으면 불안한 기분이 들 것이다. 배우자가 원망스럽고 아이들과도 거리가 느껴질 것이다. 개가 짖거나 이웃이 시끄럽게 굴면 거슬릴 것이다. 길이 막히고 줄이 긴 것처럼 사소한 일조차도 당신을 한없이 짜증나게 만들 것이다.

이것은 마치 내 삶 전체가 오염되는 것과 같다. 작은 문제가 스며들어 큰 그림을 망쳐놓는 것과 같다. 책상에 쏟아버린 커피처럼 작은 문제는 금세 확산돼 더 큰 문제를 일으킨다. 갈색의 액체는 당신의 컴퓨터와 전화기, 영수증 더미가 있는 쪽으로 가차 없이 뻗어나간다. 그러는 동안 당신은 이 참사를 부정해보기라도 할 것처럼 냅킨을 들고 정신없이 여기저기를 절망적으로 눌러보지만 그럴수록 책상 위는 더 엉망이 될 뿐이다.

그 작은 골칫거리가 당신 삶의 모든 영역에 영향을 미친다. 당신은 이제 그 영역 때문에 생긴 감정을 렌즈로 삼아 모든 것을 들여다보기 시작한다.

그리고 결국 이렇게 생각한다.

사는 게 너무 힘드네.
나는 이번 일을 이겨내지 못할 거야.
다들 너무 비열해.
더 이상 못해먹겠어.

지금 당신의 생각이 어떻든 이런 느낌은 현실 자체를 반영한 게 아니다. 그 느낌은 현실에 대한 당신의 인식을 반영한 것이다. 안타깝게도 이 사실을 안다고 해도 문제의 한가운데 박혀서 꼼짝도 못하고 있는 당신에게는 아무런 차이가 없다. 그리고 물론 이 모든 건 상황을 더욱 악화시킨다. 나와 내 삶에 대한 부정적 경험은 삶을 즐기기는커녕 내가 상대하고 있는 문제를 극복하는 데도 아무 도움이 되지 않는다.

이에 대처하려면 우리는 내가 겪는 문제를, 그리고 세상을 바라보는 방법을 바꿔야 한다. 그리고 강력한 힘을 발휘할 낙천적이고 근거 있는 새로운 방법을 채택해야 한다.

그래서 우리의 다음 단언은 '나는 할 수 있어'이다.

비참한 기분이 들기 시작하면 한 발 뒤로 물러서라, 훨씬 더 뒤로 가라

"모든 불운이 하나의 덩어리에서 출발하고, 모든 사람이 거기서 같은 양을 가져가야만 한다면 대부분의 사람은 불평 없이 자기 몫을 챙겨 떠날 것이다."

_소크라테스

누구나 저마다의 문제가 있다. 삶이 늘 완벽할 수는 없다. 앞으로도 그럴 것이다. 소크라테스가 살던 2,400년 전에도 그랬고, 지금도 분명히 그렇다.

하지만 우리가 잔인할 만큼 스스로에게 정직해질 수 있다면 나 자신의 문제는 나머지 세상의 문제에 비하면 그리 대수롭지 않다는 것을 깨닫게 될 것이다. 정말이다. 지금 한번 생각해보라.

당신이 이 책을 읽고 있다면 당신의 삶은 소말리아에 사는 어린이나 인도에 사는 불가촉천민만큼 힘들지는 않을 것이다. 당신이 가진 문제는 소크라테스가 태어난 기원전 470년에 살던 사람들에 비하면 훨씬 작은 문제일 것이다. 그때는 현대적 의약품이나 전기, 자동차도 없었고, 오늘날 우리가 당연한 것으로 받아들이는 일상적 진보의 산물은 아무것도 없었기 때문이다.

지구 반대편으로 가거나 시간을 거슬러 올라가보지 않더라도 마찬가지다. 도시 반대편으로 가보거나 사무실 혹은 이웃을 한번 둘러보라. 당신보다 더한 문제를 가진 사람이 아주

이제 잠시,
배꼽에 앉은 먼지는
그만 만지작거리고
당신 주위를 한번 둘러보라.

많을 것이다. 당신 눈에는 보이지 않을지 몰라도 우리는 다 같은 처지다. 남의 삶은 늘 하이라이트만 보이고, 내 삶은 늘 무대 뒤가 생각난다.

무슨 말인가 싶다면, '대체 그게 내 문제를 해결하는 데 무슨 도움이 되나?' 싶다면, 내가 설명하겠다. 아무 도움도 되지 않는다. 이렇게 말한다고 해서 당신 차의 타이어가 교체되는 것도 아니고, 당신 통장에 백만 원이 입금되지도 않는다.

이제 잠시, 배꼽에 앉은 먼지는 그만 만지작거리고 당신 주위를 한번 둘러보라. 촉촉이 감성에 젖은 자기 위안을 멈추고 당신의 현실, 실제 삶에 접속하라.

이렇게 해보는 이유는 현실에 기초한 시각에서 상황을 보기 위해서다. 이렇게 하면 삶 자체와 삶의 온갖 문제를 제대로 된 태도로 직시할 수 있다. 우리를 휘어잡을 수 있는, 실제로 휘어잡고 있는 부정적 태도라는 망령이 스멀스멀 기어 올라오는 것을 막을 수 있다. 주위 모든 사람이 자신의 문제에 대처하고 있다면, 당신보다 더한 문제를 가진 사람도 그렇게 하고 있다면, 당신도 분명 할 수 있다.

그렇지만 알겠다. 내가 이런 말을 하는 동안에도 우리 둘 다 알다시피 재앙이 닥치면 분별을 유지하기가 힘들다. 우리가 가진 문제는 여전히 너무 생생하고, 아프며, 감정을 자극해 우리 안의 좋은 면들을 잠식할 수 있다.

그처럼 비참한 기분이 들기 시작하면 한발 뒤로 물러서라. 많이 물러서라. 그보다 더 물러서라. 훨씬 더 뒤로 가라. 계속 가라…… 거기서 당신 삶을 있는 그대로 볼 수 있는지 봐라.

여기서부터는 상상이 필요하다.

나는 나를 찾아오는 사람들에게 먼저 그의 삶 전체를 보라고 말한다. 삶이 철로처럼 당신 앞에 펼쳐져 있다고 상상하라. 왼쪽에서 오른쪽으로 끝도 보이지 않게 펼쳐져 있다고.

물론 그 철도는 텅 빈 공간에 덩그러니 놓여 있지 않다. 철도는 시골과 도시를 관통하고 터널과 다리를 지나고 바다를 넘고 높다란 산을 돌아 계곡으로 내달린다. 주변이 얼마나 장대하고 마법처럼 다양하게 펼쳐지는지 보라.

이제 철도의 왼쪽 저 아래를 내다보라. 그게 당신의 과거다. 당신의 출발지이자 당신이 삶이라는 여행을 하면서 이미 지나온 땅이다.

그 길을 따라 훨씬 더 멀리까지 내려가라. 걸어가면서 당신의 삶 전체가 눈앞에 펼쳐지는 게 보일 것이다. 그동안 당신한테 일어났던 모든 일이 보일 것이다.

시간을 갖고 당신의 삶에서 가장 기억에 남는 경험을 떠올려보라.

사랑했던 사람과 골목길을 걷던 때가 기억날 수도 있다. 첫아이를 팔에 안았던 기억이 떠오를 수도 있다. 그 무엇인들 그때의 경험과 바꿀까?

아름다운 해변에서 천국 같은 며칠을 보냈던 가족 휴가를 떠올려보라.

처음으로 내 집 장만을 했던 때는 또 어떤가? 원하던 직장에 드디어 들어갔던 때는? 당신이 어떤 과거를 가졌든, 하나하나 멋진 경험의 기억을 음미해보라.

지금 당신이 어디쯤 왔느냐에 따라 다르겠지만, 당신에게는 뒤돌아볼 수 있는 멋진 경험이 수십 개 혹은 수백 개는 있다. 졸업, 승진, 수상, 파티, 연애. 어린 시절 누군가 당신을 토닥이며 재워주던 기억. 익숙한 기분을 느끼며 따뜻하고 기쁜 마음이 들게 하는, 기억할 만한 맛과 풍경, 소리들. 마음을 열고 그때의 좋았던 기분을 실컷 느껴보라.

그러나 달콤하고 좋은 기억에만 한정 짓지는 마라. 나쁜 기억도 떠올려보라.

당신이 힘들었던 때, 고생했던 때, 좌절했던 때도 기억해보라. 다툼과 이별, 과속 딱지, 밀린 고지서.

밤늦게 몰래 나가다가 부모님에게 들켜서 외출 금지를 당했던 때가 기억나는가? 힘든 어린 시절을 보냈다면 그 기억들도 모두 끄집어내라. 전기요금 내는 것을 깜박해서 촛불을 켜놓고 책을 읽어야 했던 때는 또 어떤가?

아니면 수술을 받고 며칠간 입원을 했던 기억은? 누군가와 헤어지고 나서 몇 주간 우울했던 기억은? 그 모든 기억을 끄집어내라. 참혹하고 깊은 상처로 남아 있는 것부터 그냥 짜증 나고 거슬리고 후회되는 기억까지 전부 다.

그리고 당신이 직면했던 모든 문제를 결국에는 극복했다는 사실을 기억하라. 그중 많은 기억이 지금 겪고 있는 일과 아주 비슷할지도 모른다.

그때도 당신은 똑같은 기분을 느꼈을 것이다. 이 사람을 절대 잊지 못할 거라고, 더 좋은 직장은 다시 못 찾을 거라고, 이렇게 창피한 일은 견디지 못할 거라고.

하지만 당신은 잊었고, 찾아냈고, 견뎠다. 당신은 성장했고, 다시 시작했다. 지금 돌아보면 어떤 일은 그냥 바보같이 느껴지기도 한다.

고등학교 때 수학에서 '양'을 받고 얼마나 속상해했는지 지금은 믿어지는가? 좋아했던 그 여자 혹은 그 남자와 한 번 만나고 차였을 때 얼마나 비참했는지 기억나는가?

이보다 훨씬 심각한 문제들도 지금 생각하면 아주 다르게 보일 것이다. 무엇보다 당신은 그 일들을 이겨냈고 결국은 그 일들이 지금의 당신을 만드는 데 일조하지 않았는가.

당신은 그 모든 것을 이겨낼 것이다, 과거에 그랬던 것처럼

이제 한쪽 방향으로 끝까지 다녀왔으니 돌아서 반대 방향으로 가보자.

이미 눈치챘겠지만 오른쪽은 당신의 미래다. 여기서 당신은 앞으로 일어날 일을 볼 것이다. 당신 삶에서 기다리고 있는 모든 경험과 사건들 말이다.

아직 만나지 못한 사람들과의 새로운 관계. 앞으로 가보게 될 새로운 장소. 언제나 해보고 싶었던 일들.

당신이 정말로 끌리는 사람과 첫 키스를 할 때 등줄기를 스치는 그 간질간질한 느낌도 경험할 테고, 사랑하는 사람과 함께 늙어갈 때 느끼는 유대감과 만족, 평화로움도 있다.

아마 자녀도 생길 것이다. 자녀가 자라고, 우등상을 받고, 축구 경기에서 골을 넣고, 학교에서 연극을 하는 모습도 지켜볼 것이다. 그러다 어느 틈에 자녀들은 그들이 사랑하는 사람을 당신에게 소개할 것이다. 그러고 나면 손주들과 영화를 보러 가고 디즈니월드에 가는 날도 올 것이다.

당신의 미래에는 아직 터져 나오지 않은 잠재력과 기회가 줄줄이 기다리고 있다. 그중에는 중요한 인생의 사건들도 있고 좋은 친구와 하룻밤 실컷 웃는 날도 있을 것이다. 미래에는 정말로 멋진 일들이 당신을 기다리고 있을 수도 있다.

물론 언제나 강아지와 무지개만 있지는 않겠지만, 그 점은 이미 당신이 알고 있는 그대로다. 시련과 고난도 있을 것이다. 실망하고, 패배하고, 싸우고, 두려워할 일도 있을 것이다. 거기서 멈추지 말고 계속 저 끝까지, 제일 끝까지 내다보라. 그렇다. 이 삶도 마무리 짓는 때가 올 것이다. 당신의 생명이 더 이상 물리적으로 존재하지 않고, 당신이 당신임을 경험하는 것도 끝날 것이다. 당신이 죽게 될 날을 생각해보라. 물론 유쾌한 생각이 아닌 것은 알지만, 분명히 일어날 일인데 지금 인정하면 어떤가?

인생에서 당신은 때로 좋아하지 않는 장소에서 마음에 들지 않는 사람과 하고 싶지 않은 일도 해야 할 것이다. 사람들은 당신 인생에 들어왔던 것만큼이나 빠르고 쉽게 당신 인생을 떠날 것이다. 돈을 잃을 테고, 물건이 망가질 테고, 강아지가 죽을 것이다.

하지만 당신은 그 모든 것을 이겨낼 것이다. 과거에 그랬던 것처럼 좋은 일도 나쁜 일도 지나갈 것이다. 당신은 챔피언처럼 거기 서 있을 것이다. 왜냐하면 그런 일들은 모두 당신의 인생 스토리라는 긴 영화에서 지나가는 한 장면에 지나지 않기 때문이다.

기억하라, 풀지 못할 문제는 없다

"가장 어두울 때 빛에 집중해야 한다."

_아리스토텔레스

이런 연습을 해보는 이유는 상황을 더 큰 시각 속에 놓고 보기 위해서다. 당신이 경험한 모든 일과 아직 경험하지 못한 모든 일들을 살펴보며 지금 당신이 상대하고 있는 문제를 생각해보라. 지금 이 시점에 당신 앞에 놓인 모든 일은 그저 수많은 다른 일들의 바다 속에 있는 또 하나의 일일 뿐이다.

당신이 탄 배는 그렇게 쉽게 가라앉은 적이 없고 앞으로도 그럴 것이다. 파도도 치고 폭풍우도 지나고 가끔 멀미도 하겠지만 우리가 인생이라 부르는 저 바다를 건너는 당신의 여정은 계속될 것이다.

그러나 커다란 돌풍을 앞에 둔 선장과 마찬가지로 우리는 폭풍우가 치는 대로 그냥 이리저리 휩쓸릴 수는 없다. 당신은 적극적으로 나서서 다시 인생을 원하는 방향으로 돌려놓아야 한다. 당신의 여정은 당신이 바랐던 것만큼 순조롭지는 않았다. 그렇다고 해서 그저 바람에 날려가도록 가만히 있을 것인가? 그건 아닐 것이다. 인생의 한 영역에서 일어난 일이 전체를 바라보는 눈에 영향을 끼치게 해서도 안 된다. 직장에서 힘든 일이 있다고 해서 집에까지 끔찍한 기분을 가져와서는 안 된다. 사귀는 사람과 잘 안 된다고 해서 사무실에서까지 기분이 처져 있으면 안 된다.

문제가 생기면 하나씩 그대로 직면하라. 필요한 만큼 관심을 기울이고 다음으로 넘어가라. 전부 다 하나로 묶어서 혼란이라는 늪에 밀어 넣고 당신을 짓누르게 하는 것은 도움이 되지 않는다. 그러지 않기 위해선 생각에 정확성과 끈기와 원칙이 필요하다. 문제를 하나씩 끝까지 실용적으로 생각하고 해결책을 하나하나 떠올려라. 기억하라. 풀지 못할 문제는 없다. 해결책이 보이지 않는다면 그건 아직 당신이 찾아내지 못했다는 뜻일 뿐이다.

종종 해결책이 보이지 않는 것은 문제에 너무 가까이 있기 때문일 때가 있다. 조금만 초점을 뒤로 물려라. 초점을 많이 뒤로 물려서 큰 그림을 봐라. 이게 바로 심리학자들이 '인지적 재구성'이라고 부르는 것과 비슷한 현상이다. 이렇게 하면 문제가 당신 인생에 제시되는 방식이 바뀐다.

마음은 자연히 우리에게 장난질을 친다. 반드시 합리적이지만은 않은 방식으로 우리의 생각을 배배 꼬고 왜곡시킨다. 우리는 언제나 자신이 논리적이라고 생각하고 싶지만 실제로는 그렇지 않다. 우리는 인지적 편향과 감정과 오해에 휘둘리며, 이런 것들은 대부분 눈에 보이지 않는다.

때로 우리는 이런 것들에 너무 몰입해 있고 너무 가까이 있어서 내가 그렇다는 사실조차 깨닫지 못한다. 속도를 낮추고, 한 걸음 뒤로 물러나고, 정말로 무슨 일이 일어나고 있는지 파악하는 것은 우리 몫이다.

> "기분이 안 좋을 때 일어나는 독특한 현상이 하나 있다. 사실이 아닌 얘기를 스스로에게 들려주어 비참함을 만들어내고 자신을 바보로 만드는 것."
>
> _데이비드 D. 번즈

아직도 상황이 제대로 보이지 않는다면 한 걸음 더 물러나라. 한 걸음 더. 또 한 걸음 더.

정말로 무슨 일이 벌어지고 있는지 스스로에게 물어보라. 더 이상 감정에 짓눌리지 않고 분명하고 선명하게 문제를 경험할 수 있을 때까지 계속 물어보라. 인생 경로 전체가 눈에 보이고 지금의 문제가 길 위에 놓인 또 하나의 돌부리에 지나지 않는다는 사실을 깨달을 때까지 계속 물어보라.

당신 인생은 끝나지 않았다

마침내 상황을 더 큰 시각에서 볼 수 있게 되면 이런 단언을 할 수 있을 것이다. '나는 할 수 있어.' 정말로 이 말을 믿고, 경험하고, 이 말대로 살 수 있을 것이다.

당신은 이 상황을 감당할 수 있다. 이 상황 때문에 끝장나는 일은 없을 것이다. 당신 인생은 끝나지 않았다. 아직도 많은 삶이 남아 있다. 많은 삶이.

'나는 할 수 있어'라는 말은 당신이 완벽한 해결책을 갖고 있다는 뜻은 아니다. 다만 이 말은 당신이 운전대를 잡고 있고, 결정권이 당신에게 있다는 뜻이다. 지금까지 줄곧 그래왔던 것처럼 말이다. 여태 잘 해오지 않았던가.

언제나 아름답지만은 않을 것이다. 늘 즐겁지도 않을 것이다. 하지만 당신은 할 수 있다. 현실을 호도하거나 여러분의 기분을 잠시 좋게 해주려고 하는 말이 아니다. 여러분이 지나온 기록을 보라. 당신은 정말로 잘 해내왔다. 늘 그래왔듯이 당신은 해결할 것이다. 그때도 해냈고, 이번에도 해낼 것이다.

정말로 당신이 누구인지 기억해내라. 그리고 말하라.

'나는 할 수 있다. 나는 할 수 있다. 나는 할 수 있다.'

Chapter 5

편안하게 느끼는 것만 고수한다면, 사실상 당신은 과거에 사는 셈이다

**시작의 기술 4
'나는 불확실성을 환영해'**

성공은 절대로
확실하지 않다.
여러분이 아무리
똑똑하고 열심히 일해도
보장되는 것은
아무것도 없다.

당신은 중독자다.

당신은 구제불능으로 약물에 의존하고 있다. 그게 당신 삶에 어떤 영향을 주고 있는지조차 깨닫지 못한다. 괴롭도록 당신이 갈망하는 그것, 그 갈망의 대상은 바로 '예측'이다.

내일 비가 올까? 내가 산 주식이 오를까? 내일 축구는 어느 팀이 이길까? 당신은 끊임없이 앞을 내다보며 실제로 일이 벌어지기 전에 무슨 일이 일어날지 알아내려고 한다.

대체 왜일까?

확실성 때문이다. 우리는 확실한 것을 찾고 불확실한 것을 피한다. 우리는 뭘 기대할 수 있는지, 어디로 갈지, 뭘 입을지 알고 싶어 한다. 우리는 준비하고 싶어 한다. 안전하고 싶어 한다. 그러나 이것은 단순한 바람을 훨씬 능가해, 거의 중독에 가깝다. 우리는 사람들을 알기도 전에 평가한다. 만난 지 몇 초 만에 상대의 성격을 예측한다. 다른 브랜드와 제품이 많아도 우리는 익숙한 브랜드와 제품을 산다. 아직 걸리지도 않은 병을 예방하기 위해 영양 보충제와 비타민을 먹는다. 몇 달 전, 심지어 몇 년 전에 약속을 잡는다. 미래를 확실하게 만들기 위해서다. 미래가 우리가 예측할 수 있는 방식으로 펼쳐지게 만들기 위해서다. 나한테 확실성을 달라, 확실성을 달라, 확실성을!

자동차에 붙은 범퍼 스티커나 인터넷에 유행하는 말들을 보면 위험을 감수하는 사람을 찬양하면서 불확실성을 적극 받아들이라고 한다. 기꺼이 위험을 감수하는 것이 미래나 가능성에 대한 잠재력과 직접적으로 연결된다는 점은 우리도 알고 있다. 그런데도 많은 사람들이 여전히 자신이 구성해놓은 조그만 세상 속에 머문다.

거기에는 이유가 있다. 불과 얼마 전까지만 해도 당신이나 나

같은 사람들에게 세상은 꽤나 무시무시한 곳이었다. 알려지지 않은 곳으로 한 걸음 내디딜 때마다 죽음의 위험이 도사리고 있었다. 삶이라는 게 한 판의 거대한 러시안 룰렛과 같았다. 말 그대로 매일같이 당신을 비롯해 지구상 모든 인간은 수많은 짐승들의 저녁 메뉴가 될 수 있었다. 아니면 대자연의 어두운 유머 감각 속으로 눈을 감은 채 걸어 들어간 불쌍한 영혼이 될 수도 있었다.

다행히도 세상은 이제 수천 년 전만큼 무시무시한 곳은 아니다(비록 유토피아 같은 안전지대도 아니지만). 삶은 훨씬 더 안전해졌다. 실은 믿기지 않을 만큼 안전해졌다. 의약품과 기술은 나날이 더 좋아지고 있다. 뉴스를 틀면 폭력 범죄가 만연하지만 실은 서양 국가에 사는 보통 사람의 일상에서 폭력 범죄란 흔한 일은 아니다.

물론 아직도 치명적 질병에 걸리거나 '묻지마 범죄' 혹은 천재지변의 희생자가 될 가능성은 있다. 하지만 당신이 불가사의한 좀비 바이러스에 걸리거나 도로시와 토토와 함께 바람에 날려가 환상 속 할리우드의 꿈의 나라에 도착할 가능성은 희박하다.

놀라운 뉴스는 또 있다. 시장에 가는 길에 당신이 갑자기 죽을 가능성은 별로 없으며, 당신이 연봉을 올려달라고 요구한다고 해서 상사가 실제로 당신을 죽이지도 않을 것이다. 그리고 믿거나 말거나 누군가에게 데이트 신청을 했는데 알 수 없는 이유로 바지가 벗겨져 스폰지밥이 그려진 속옷이 드러나면서 스타벅스에 있던 모든 사람의 킥킥대는 소리가 당신 귓가를 울리고 지독한 창피함이 당신의 명을 재촉하면서 이 세상을 하직할 가능성도 별로 없다.

다시 말해 위험을 회피하는 성향은 한때는 필요한 것이었으나 이제는 더 이상 그렇지 않다. 똑같은 생존 본능 역시 한때는 우리를 살아 있게 만들어주었으나 지금은 그 본능 때문에 오히려 제대로 살지 못할 수도 있다.

그렇게 해서는
앞으로 나아갈 수 없다

확실성에 대한 집착이 비생산적이고 오히려 비극을 불러올 수 있는 이유는 두 가지다.

첫째, 사건이 벌어질 때는 언제나 불확실성이 있다. 불확실성이 있어야 기회를 향해 걸을 수 있다. 불확실성이 있어야 성장할 수 있으며, 새로운 것을 경험하고 유례없는 새로운 결과를 만들 수 있다. 새로운 일이 벌어지려면 늘 불확실성이 따른다.

> "안전하고 싶은 욕망은 모든 훌륭하고 고귀한 모험에 방해가 된다."
>
> _타키투스

편안하게 느끼는 것만 고수한다면, 늘 해오던 일만 한다면 사실상 당신은 과거에 사는 셈이다. 그렇게 해서는 앞으로 나아갈 수 없다. 지금 반복하고 있는 그 일도 당신 인생의 어느 시점에서는 이후에 무슨 일로 이어질지 알 수 없는 위험한 일이었다. 그 이후로 그 일은 일상이 됐다.

한번 생각해보라. 집을 나서지 않는다면 어떻게 새로운 장소로 가겠는가? 새로운 사람을 만나지 않는다면 어떻게 친구를 만들고 연애를 시작하겠는가? 이미 했던 일만 해서야 어떻게 새로운 뭔가를 할 수 있겠는가?

하지 못한다. 실제로는 당신이 모르는 사람은커녕 아는 사람들조차 그들이 향후에 무슨 일을 할지 당신은 예측하지 못한다. 줄을 서 있든, 클럽을 가든, 은행을 가든, 사회적 상황에는 필수적으로 불확실성이 있다. 세상에, 당신은 자신의 생각과 감정조차 예측하지 못하는 경우가 부지기수이지 않은가? 성급하게 판단을 내렸다가 나중에 마음을 바꾼 적이 얼마나 많은가?

연봉을 높여달라고 요구하는 위험을 감수하지 않는다면 어떻게 연봉이 올라가겠는가? 확실성과 편안함만 붙잡고 있다면 어떻게 커리어의 발전이 있겠는가?

그런 일은 가능하지 않다. 성공은 절대로 확실하지 않다. 위험 부담 없이 성공이 오는 법은 없다. 여러분이 아무리 똑똑하고 열심히 일해도 보장되는 것은 아무것도 없다.

인생에서 위대한 일을 이루기 위해 묵묵히 전진하는 이들은 이 점을 잘 알고 있다. 오히려 그 점을 환영한다.

"결정의 순간이 왔을 때 최선은 옳은 일을 하는 것이다.

차선은 틀린 일을 하는 것이다. 최악은 아무것도 하지 않는 것이다."

_시어도어 루스벨트

루스벨트의 저 말을 잠시 곱씹어보라. 당신이 저지를 수 있는 최악의 행동은 목표를 빗맞히는 게 아니라, 목표를 쏘지 않는 것이다.

성공한 사람들을 보면서 '저들은 항상 방법을 알고 있었겠지'라고 생각할지도 모른다. 그들 대부분이 모든 걸 쉽게 해냈을 것만 같은 자신감과 카리스마, 재능을 갖고 있어 보인다. 분명 그들은 당신이 갖지 못한 무언가를 갖고 있어 보인다. 하지만 장담하건대 그들이 최고가 된 것은 결코 확실하지도 쉽지도 않은 과정이었다. 대부분이 매일매일 때로는 하루에도 수백 번씩 의심했다. 맞다. 저들도 당신처럼 기기 앉아 어떻게 해야 해낼 수 있을까, 과연 그럴 가치가 있을까, 내가 그럴 능력이 될까 고민했다.

그들도 자신이 하는 일을 의심한 날들이 있었다. '이건 절대 성공할 수가 없어'라고 생각한 적도 있다. 그 과정에서 포기하기 직전까지 갔던 적도 수없이 많다.

저들이 성공한 것은 자신이 성공하리라고 확신해서가 아니다. 저들이 성공한 것은 불확실성 때문에 그만두지는 않았기 때문이다. 그러거나 말거나 저들은 행동했다. 의심은 무시하고 가던 길을 계속 갔다. 부단함 말고는 가진 게 아무것도 없을 때조차 저들은 부단히 정진했다.

무언가 위대한 것을 성취했으나 금세 역사에서 사라진 이들을 한번 떠올려보라. 연예인이든, 사업가든, 운동선수든, 분명 떠오르는 사람이 몇 명은 있을 것이다.

이 일을 해오면서 나는 성공한 사람들을 수없이 코치했다. 그들은 삶이 재미없어졌다면서, 의욕도 없고 모든 게 시들하다며 나를 찾아왔다. 대체 무슨 일이 있었을까? 그들 중 다수는 편안해진 상태였다. 그들은 오랫동안 자신이 원하는 곳으로 가기 위해 안전지대를 넓혀왔다. 하지만 그들이 불확실성 대신 확실성을 택한 순간부터 더 이상 뭔가를 성취할 수 없었다. 그들은 벽에 부딪혔다.

왜 그렇게 됐을까? 왜냐하면 당신이 목표 하나를 이루는 순간, 당신이 부자가 되거나 성공한 순간, 자연히 미래는 조금 더 확실해 보이기 때문이다. 통장에 10억 정도가 있다면 누구나 좀 더 안정된 기분을 느낄 것이다.

하지만 바로 그런 사고방식의 변화가 궁극적으로 우리가 아무것도 하지 않는 환경을 조성한다. 더 이상 돈이 불확실하지 않을 때 돈을 추구할 욕망, 심지어 필요성이 줄어든다. 더 이상 성공이 불확실하지 않을 때 우리의 야망은 무뎌지거나 말랑해진다. 우리는 확실성이라는 부풀려진 환상 속에 허우적거린다. 결국 우리는 소위 정착이라는 걸 하게 된다. 확실성을 찾아 정착한다.

이게 바로 인생에서 불확실성이 가진 힘이다. 불확실성은 우리를 다독일 수도 있고 무너뜨릴 수도 있다. 우리를 부자로 만들 수도 있고 가난뱅이로 만들 수도 있다. 성공의 열쇠가 될 수도 있고 반대 방향으로 우리를 몰아갈 수도 있다.

많은 이들이 결국에는 둘 다를 경험한다.

존재하지 않는 것을 좇을 건가

웃기는 것은 우리가 아무리 확실성을 좇아도 결코 확실성을 붙잡을 수 없을 거라는 점이다. 왜냐하면 확실성은 존재하지 않기 때문이다. 우주는 언제나 우리에게 자신이 얼마나 많은 혼돈에 싸여 있고 강력한 힘을 가졌는지 알려줄 작은 계기들을 마련할 테고, 그 계기들로부터 자유로울 수 있는 사람은 아무도 없다.

확실한 것은 아무것도 없다. 오늘 밤 잠이 들었는데 내일 아침 깨지 않을 수도 있다. 차에 올라탔는데 브레이크가 말을 듣지 않을 수도 있다. 확실하다는 것은 순전히 환상이다. 미신이다.

이렇게 말하면 끔찍한 생각이라 여길 사람도 있을 것이다. 하지만 사실이다. 아무리 열심히 노력한들 우리는 절대 인생에 무슨 일이 닥칠지 정확히 예측할 수 없다. 우리가 세운 계획은 어느 시점에는 결국 멈칫거릴 것이다.

확실성을 찾아 불확실성으로부터 도망친다면, 환상에 불과

한 것을 위해 사실상 인생에서 유일하게 보장되어 있는 것을 거절하는 셈이다.

소크라테스는 말했다. "내가 아는 것은 내가 아무것도 모른다는 사실뿐이다." 현명한 사람들은 이 말을 이해한다. 실제로 그들은 바로 그 사실을 깨달아서 현명해졌다. 실제로는 자신이 아무것도 모른다는 사실 말이다.

모든 걸 다 안다고 생각할 때 우리는 알려지지 않은 것들, 그러니까 완전히 새로운 성공 영역으로부터 무심결에 몸을 돌려버린다. 인생이 얼마나 예측 불가능하고 불확실한지를 인정하는 사람은 그것을 받아들일 수밖에 없다.

그들은 불확실한 것을 두려워하지 않는다. 불확실성은 그저 삶의 일부일 뿐이다. 그들은 확실성을 찾아다니지 않는다. 그런 것은 존재하지 않는다는 사실을 알기 때문이다. 이들은 또한 삶이 지닌 진짜 마법과 기적이 무엇인지, 삶에서 뭘 이룰 수 있는지 알며 거기에 마음을 연다.

우리가 아는 것을 어떻게 아는지 점검해보는 것은 철학을 떠받치는 기둥 중에 하나다. 우리는 내가 믿는 것이 진실임을 어떻게 증명할 수 있을까? 대부분의 경우 우리는 증명할 수 없다.

현실에서 우리가 틀림없는 사실이라고 생각하는 것들 중 다수가 실제로는 사실이 아니다. 그것들은 반쪽짜리 진실일 뿐이다. 그것들은 가정이다. 그것들은 오해이고, 추측이다. 그것들은 인지적 편향과 잘못된 정보와 여러 가지 조건을 기초로 하고 있다. 과학을 예로 들어보자. 우리가 5년 전, 10년 전, 20년 전에 진실이라고 믿었던 것들이 나중에는 거짓으로 판명되었다. 세상은 급격하게 성장해왔고 그 성장은 나날이 계속되고 있다. 오늘 아는 것이 언젠가 뒤돌아보면 고색창연한 구닥다리가 되어 있을 것이다.

그런 이해의 한계가 인생 도처에 널려 있다고 생각해보라.

지금 내가 무엇을 아는지조차 확신하지 못하는데 과연 내일 무슨 일이 벌어질지 어떻게 알까?

아마도 이미 눈치챘겠지만 안전지대 안에 머물려고 하면 정말로 편안한 느낌은 결코 가질 수 없다. '더 많은 것을 할 수도 있었는데……'라는 찜찜한 느낌이 언제나 남는다. 지금 가진 삶보다 더 좋은 삶에 대한 열망이 언제나 남는다.

오늘 당장 편안한 상태로 지내려고 하면 할수록 내일은 더 불편해질 것이다. 목적지란 없다. 탐험과 탐험과 탐험이 있을 뿐이다.

남들이 뭐라고 하든 인생은 계속된다

삶의 수많은 것들이 그렇듯이 우리가 불확실성을 회피하는 이유 중 하나는 남들에게 심판 받는 것이 두렵기 때문이다. 주변 사람들이 어떻게 생각할지, 알려지지 않은 미스터리와 불확실성 속에 내던져지는 일이 우리는 너무나 두렵다.

스스로를 불편한 상황 속으로 밀어 넣는다면 나는 아마 어색하게 보일 것이다. 그러면 사람들은 내가 '이상하다'고 생각할 것이다. 스스로를 한계로 밀어붙이고 새로운 것을 성취하려고 한다면 나는 아마 실패할 것이다. 그러면 사람들은 나를 실패자라고 생각할 것이다.

> "더 나은 사람이 되고 싶다면 바보 같고 멍청하게 여겨
> 질 것을 감수하라."
>
> _에픽테토스

남들이 어떻게 생각할까에 사로잡혀 있다면 당신의 진짜 잠재력은 결코 날개를 펴지 못할 것이다. 사실 남들의 의견이 중요하다는 생각을 떨쳐버리는 것만으로도 인생이 하루아침에 바뀔 수 있다. 남들이 뭐라고 하든 인생은 계속된다.

그렇다고 이상한 짓을 하면서 뻔뻔한 소시오패스가 되어 남들의 생각을 완전히 무시하라는 얘기는 아니다. 그러나 이기고 싶다면 기꺼이 남의 심판도 받을 의지가 있어야 한다. 그 때문에 망설여서는 안 된다. 정말로 위대한 일을 해내고 싶다면 누군가는 당신을 망상에 사로잡혀 있거나 바보이거나 독단적이라고 생각할 것도 감수해야 한다.

불확실성을 회피하는 사람은 이것을 하지 않는다. 그들은 심판 받는 것이 너무 두렵다. 그들은 바보처럼 보이거나 멍청해

보이는 것이 너무나 두렵다. 그들은 환영에 한쪽 발목이 잡혀 꼼짝도 하지 못한다.

성공은 늘 불확실성 속에서 당신을 기다리고 있다

이 모든 게 상당히 충격적으로 들릴 수도 있다. 이 책을 읽으며 의자에서 안절부절 못하는 사람도 있을 것이다.

그것은 당신이 불확실성을 거부하고 회피하기 때문이다. 당신은 불확실성을 두려워하고 있다. 당신은 알 수도 없고 통제할 수도 없는 것들을 알고 또 통제하려고 하고 있다. 당신은 우리 모두가 태어난 환상의 나라에 사로잡혀 그곳을 벗어나지 못한 것처럼 보인다.

좋은 소식은 굳이 그럴 필요가 없다는 점이다.

그러니 사고를 전환하라. 불확실성을 환영하라. 이게 여러분의 자기 단언이다. '나는 불확실성을 환영해.'

감히 꿈을 꾸고,
감히 위험을 감수하라.
일상의 루틴을 흔들어라.

불확실성을 정면으로 부딪쳐라. 불확실성을 소중히 여겨라. 불확실성을 즐겨라.

기억하라. 늘 꿈꿔왔던 그 모든 성공과 경험과 일은 모두 불확실성 속에서 당신을 기다리고 있다. 이 점을 받아들이면 이전처럼 그렇게 무섭지 않다. 물론 그래도 앞으로 일어날 일이 불안하기는 할 것이다. 하지만 앞으로 일어날 일에 대한 희망과 흥분도 동시에 느낄 것이다.

알려지지 않은 것들 중에는 나쁜 일도 많이 있을 수 있지만 좋은 일도 모두 그 속에 있다. 알려지지 않은 일들은 기회와 발전으로 넘친다.

오늘 당장 밖으로 나가 결연히 당신만의 불확실성을 환영하라. 평소 같으면 하지 않을 일들을 하라. 일상의 루틴을 흔들어라. 감히 꿈을 꾸고, 감히 위험을 감수하고, 당신의 인생이 깜짝 놀라 생기가 돌게 하라.

간단한 것부터 시작하라. 회사로 출근하는 길을 바꿔라. 도시락을 싸보거나 늘 가는 식당에 가는 대신 한 번도 안 가본 곳을 시도하라. 웨이터나 계산원과 대화를 시작하라. 미소를 띠고 길 가는 사람들에게 친근하게 목례를 하라. 당신의 눈을 사로잡았던 그 사람에게 말을 걸어라.

어쩌면 타고나길 외향적 사람이라 위와 같은 걸 이미 다 하고 있을 수도 있다. 그렇다면 당신을 불편하게 만드는 것은 무엇인가? 해보고 싶지만 불확실하기 때문에 피하고 있는 일은 무엇인가?

그 일을 해라. 지금 당장 시작해라. 지금보다 더 나은 때는 없다. 인생에서 불확실한 것과 함께 하기 위해 필요한 근육을 키워라. 당신이 만든 한계와 평가에 구애받지 않고 인생 자체의 영광을 누리는 데 필요한 일을 하라.

거기서 멈추지 마라. 단순히 안전지대를 조금 더 늘리는 게 아니라 안전지대 자체를 완전히 날려버려라. 당신이 결코 하지 않을 거라고 생각했던 방식으로 행동하라. 당신에게 결코 어울리지 않는 일이라고 생각하는 일부터 해보라. 불확실성을 환영하라. 미래를 위해 최선을 다하라.

더 이상은 인생으로부터 숨지 않을 것이다

불확실성을 환영하면 이성이나 가족 관계부터 커리어에 이르기까지 인생을 완전히 탈바꿈시킬 수 있다. 불확실성을 환영하면 날씬한 몸매를 갖고, 돈을 더 많이 벌고, 미래의 배우자를 찾는 데도 도움이 된다.

당신은 더 이상 인생으로부터 숨지 않게 될 것이다. 인생을 제대로 바라보고, 인생에서 힘을 얻고, 진정한 인생을 살게 될 것이다.

더 이상 확실성을 찾아다니지 않으면, 모든 걸 이해하려고 애쓰지 않으면, 스트레스의 많은 부분이 저절로 녹아 없어질 것이다. 알아내야 할 일이란 없다. 시간을 내서 내가 하는 말을 곱씹어보면 깨닫게 될 것이다. 당신의 걱정 대부분은 미래를 예측하려고 애쓰는 데서, 그리고 미래가 당신이 원하는 방향으로 가지 않을 때 그것을 받아들이지 않으려고 하는 데서 연유한다.

인생은 모험이다. 기회로 가득하다. 그러나 그 장엄하고 두렵고 흥분되는 불확실성을 인정하며 기회를 모두 받아들이느냐 마느냐는 당신한테 달렸다.

당신이 통제할 수 있는 것에 집중하라. 당신이 통제할 수 없는 것들을 걱정하는 일에서 그만 스스로를 놓아줘라. 날씨, 주가 지수, '새로 자른 머리를 사람들이 어떻게 생각할까' 같은 문제는 당신이 통제할 수 없는 것들이다.

'나는 불확실성을 환영한다.' 이 간단한 문장이 모든 순간 당신이 사는 방식을 완전히 바꿔놓을 수 있다. 인생에서 보장된 유일한 것은 인생이 불확실하다는 사실뿐이다. 우리가 아는 유일한 것은 우리는 아무것도 모른다는 사실뿐이다.

그렇다. 말하라. 환영하라. '나는 불확실성을 환영해.'

Chapter 6

만약 당신이 늘 아무 망설임 없이 눈앞의 과제를 공략한다면

시작의 기술 5
'생각이 아니라 행동이 나를 규정해'

이불 밖으로
나오고 싶지 않은 날,
맡은 책임을 다하고 싶지
않은 날도 있다.
하지만 우리는 오늘도
할 일을 한다.

생각을 바꿔라. 인생을 바꿔라.

얼마 전 페이스북을 쭉 내려보다가 이 보석 같은 말을 발견했다. 저스틴 비버보다 많은 '좋아요'를 받고, 동양의 음양 사상 문장보다 많은 댓글이 달려 있었다.

심홍색 재킷에 연노랑 넥타이 차림으로 나는 거기 그렇게 앉아 칵테일 한잔을 홀짝이며 이 말의 철학적 무게를 생각했다(그래, 실은 AC/DC 티셔츠에 트레이닝 바지 차림으로 앉아 커피를 마시고 있었다. 적당히 이해하라). 잠시 후 나는 혼자서 생각했다. '이 얼마나 완벽한 헛소리인가.'

한번 상상해보라. 당신은 회사에 있고, 해야 할 일이 있다. 하지만 어쩐지 시작하기가 두렵다. 오늘은 하고 싶은 '느낌'이 들지 않는다. 시계를 한번 흘끗 보니 10시 34분이다. 흠, 얼마 안 있어 점심시간이겠군.

'오늘 뭐 먹지? 아, 저 길 아래 새로운 곳에 한번 가보고 싶었는데. 회사 동료가 정말 괜찮은 곳이라고 했어. 하지만 가격이 만만치 않을 것 같던데……'

갑자기 현실로 돌아와 보니 당신은 모니터에서 깜박이는 커서를 노려보고 있다.

'와, 정말 난 소질이 없어. 오늘은 도무지 할 마음이 안 나네. 에너지를 좀 얻어야겠어.'

어느새 당신은 브라우저를 열고 시간 낭비하기 딱 좋은, 자주 가는 사이트를 훑어보고 있다.

'우와! 호버 슈즈라고? 나도 저게 있으면 정말 좋을 텐데!'

다시 잠깐 현실로 돌아온다. 당신은 이메일을 확인한다. 신용

카드 회사에서 메시지가 와 있다. '빚이 이렇게나 많다니. 나는 절대 여기서 벗어나지 못할 거야. 나에겐 호버 슈즈도, 외식도 없어.'

몇 주 전 당신이 등록해놓은 온라인 데이트 사이트에서 알림이 와 있다. '나는 아무도 못 만날 거야. 내 연애는 망했어. 어쩌면 나는 그냥 연애랑은 어울리지 않는 사람일지도.'

누군가 당신 자리 옆을 지나간다. 당신은 미친 듯이 마우스를 클릭하고 키보드를 두드리며 예기치 못한 침입자 앞에서 바쁜 척을 한다. '휴, 큰일 날 뻔했네!'

다시 시계를 본다. 11시 13분. 30분을 또 낭비했다. '진짜 일해야 하는데…… 이것만 좀 하고…….'

혹시나 익숙한 광경 같은가? 어쩌면 당신은 사무실에서 일하는 직업이 아닐 수도 있다. 하지만 저 기분이 어떤 것인지는 대충 알 것이다. 저항하고 있는 어떤 일을 앞에 두고 있을 때의 두려움. 코앞의 그 일만 빼면 뭐든 할 수 있을 것 같은 기분. '해야 할 일' 목록은 금세 '하기 싫은 일' 목록으로 바뀐다.

당신이 결혼을 했건, 이미 만나는 사람이 있건, 바람직하지 않은 저 느낌이 무엇인지는 알 수 있다. 지금 처한 상황에 대한 당신의 생각이 그 무엇보다 스스로를 지치게 하고 고갈시킨다. 당신이 만나는 사람과는 바람직한 상태에서 너무나 멀어졌고, 해야 하는 일과 하지 말아야 하는 일, 할 수 있는 일과 할 수 없는 일, 누가 옳고 그른지가 뒤죽박죽이 되어 더 이상 내가 왜 이 관계를 유지하고 있나 싶다.

사실 우리는 누구나 종종 이런 생각을 한다. 아무리 의욕적이고, 성공했고, 현명한 사람도 이런 생각을 한다.

그렇다면 그 성공한 사람들이 당신과 다른 점은 무엇일까? 그들은 (의식적으로든 아니든) 간단한 사실 하나를 이해하고 있다. 내가 생각하는 것과 내가 하는 일이 반드시 일치할 필요는 없다는 사실 말이다.

나는 내 생각이 아니다

당신은 당신의 생각이 아니다. 당신 머릿속에 있는 것이 당신을 규정하는 게 아니다. '당신이 뭘 하는가'가 당신을 규정한다. 당신의 행동 말이다.

> "훌륭한 사상은 생각이 깊은 사람에게만 말을 걸지만,
> 훌륭한 행동은 모든 인류에게 말을 건다."
>
> _시어도어 루스벨트

대부분의 사람은 내면의 상태가 자신이 하는 일에 큰 영향을 미친다. 그러나 정말로 훌륭한 결과를 내는 사람들이 그렇게 훌륭한 이유는 그런 감정을 겪는 동안에도 그에 휘둘리지 않고 행동하는 법을 터득했기 때문이다.

그들이라고 해서 자신을 의심하지 않거나 미루고 싶은 마음, 특정한 상황을 피하고 싶은 마음이 생기지 않는 게 아니다. 그들이라고 해서 해야 할 일을 언제나 하고 싶은 '기분'이 드는 것도 아니다.

그들은 그냥 초점을 맞추고 덤벼든다. 기분이 어떻든, 행동을 한다.

단순하게 우리가 부정적 생각을 절대 갖지 않기로 마음먹을 수 있다면 좋을 것이다. 하지만 그런 바람은 현실적이지 않다. 그래그래. 긍정적 사고를 강조하는 사람들은 이 말에 흥분할 것이다. 하지만 그런 사람들에게도 해줄 말이 있다. 애초에 당신이 인생의 해답으로 '긍정하기'를 생각해낸 이유가 뭔지 헤아려본 적이 있는가? 부정적으로 보이는 사람이나 상황을 만났을 때 당신이 어떤 상태가 되는지 눈치챈 적이 있는가? 그렇다. 아무리 노력하고 피하려 해도 가끔씩 우리는 옛날의 그 부정적인 생각에 붙들릴 때가 있다.

사실 우리는 스스로 생각하는 내용을 통제하기는커녕, 거기에 어떤 영향을 주기조차 어렵다. 이 책 어디선가 이야기했듯이 우리는 우리가 생각하는 내용을 대부분 인식조차 못한다.

우리는 중요한 생각뿐만 아니라 아무 상관없고 쓸데없는 생각도 많이 한다. 그리고 매일매일 저절로 머리에 떠오르는 생각들도 있다. 내가 아무 가치 없다는 생각, 누군가 나를 평가한다는 생각, 내 자리가 아닌 것 같다는 생각, 무능하다는 생각. 출근길에도, 고지서를 납부할 때도, 마트에 갈 때도, 운전을 할 때도 우리는 이런 생각들을 한다.

나를 찾아온 사람들에게 가르치는 것 중에는 삶을 바라보는 방식, 삶에 접근하는 방식을 바꾸라는 내용이 많다. 하지만 이것은 장기적인 해결책이다. 궁극적으로 내 목표는 여러분의 무의식을 바꾸도록 돕는 것이다. 그리고 그건 마치 전함의 방향을 돌리는 일과 같아서 시간이 걸린다.

아무리 열심히 노력해도 때때로 부정적인 생각이 날 것이다. 어쩌면 때때로보다 더 자주일지도 모른다. 어쩌면 매일 그럴 수도 있다. 하루에 수백 번 그럴 수도 있다.

이불에서 나오고 싶지 않은 날도 있을 것이다. 출근하고 싶지 않은 날도 있을 것이다. 맡은 책임을 다하고 싶지 않은 날도 있을 것이다. 하지만 우리는 오늘도 할 일을 한다. 매일 우리는 정말로 하고 싶지 않은 활동들을 하면서 산다. 이 말은 곧 이미 당신은 생각과는 독립적으로 행동하는 능력을 가지고 있다는 뜻이다.

나를 찾아온 사람들에게 시종일관 얘기하는 것처럼 당신은 오늘이 최고의 날인 것처럼 느낄 필요는 없다. 그저 그런 것처럼 행동하면 된다.

오늘이
최고의 날인 것처럼
느낄 필요는 없다.
그저 그런 것처럼
행동하면 된다.

물론 올바른 기분이나 마음가짐을 가진다고 해서 나쁠 것은 전혀 없다. 하지만 가만히 앉아서 완벽한 기분이 되기를 기다린다면 아무것도 시작하지 못할 것이다. 나는 이 일을 하면서 기분이나 생각이 달라지기를 기다리며 평생을 보낸 사람들을 수천 명도 넘게 만났다. 어떤 영감이나 동기부여가 가끔씩 먹힐 때도 있지만 그런 것들은 변덕스런 친구와 같아서 당신이 원할 때 늘 나타나준다고 기대할 수는 없다.

> "우리는 공정한 행동을 함으로써 공정해지고, 절제하는 행동을 함으로써 절제되고, 용감한 행동을 함으로써 용감해진다."
>
> _아리스토텔레스

행동으로 인생이 바뀌는 것이지, 행동을 생각하는 것으로 인생이 바뀌지는 않는다. 실제로 당신이 당신의 행동과 긴밀하게 연결되면 마법 같은 일이 일어난다.

행동 없는 생각은 생각일 뿐이다. 당신 자신이나 남들, 주변 환경에 대한 부정적 관점을 그대로 두는 한, 그 생각들은 당신의 성공에 아무런 영향도 주지 못한다.

행동이 어떻게 생각을 바꾸는가

행동의 이점은 이중적이다.

행동은 해야 할 일을 하게 해준다. 당연하다. 그런데 아이러니컬하게도 행동은 생각을 바꾸는 가장 빠른 길이다.

여기에는 두 가지 이유가 있다. 생각이 곧 현실이 될 수 있다는 사실은 이미 알 것이다. 그런데 당신에게 가장 도움이 되는 행동을 하는 게 당신의 현실이 되면, 당신의 생각도 거기에 맞춰 바뀐다. 이렇게 생각해보라. 당신의 생각(그리고 그에 따른 감정)이 늘 당신의 인생이나 건강, 재정 상태 혹은 잠재력에 가장 도움이 되는 방향으로 움직이지는 않는다. 많은 경우에 이런 생각과 감정들은 당신을 잠재력에서 멀어지게 만든다. 당신의 삶을 발전시킬 행동 대신에 의심이나 공포, 망설임, 실망 같은 것들이 하루를 지배한다.

만약 당신이 늘 아무 망설임 없이 눈앞의 과제를 공략한다면, 다음번에 뭔가 중요한 할 일이 생겼을 때 당신의 생각은 어떻게 움직일까? 시간이 지나다 보면 당신의 생각은 직관적 행동으로 바뀔 테고, 결국 당신은 계속해서 부정적 생각과는 독립적으로 행동하게 될 것이다. 자신에게 결여된 것들을 생각하는 대신에, 바로 그 순간 눈앞에 보이는 행동을 취하게 될 것이다.

무언가에 완전히 몰입했을 때 모든 문제나 부정적 대화가 사라지는 것처럼 느껴지는 순간을 경험해본 적이 있는가? 어느 행동이나 프로젝트에 의식적으로 정말로 몰입하게 되면, 내면의 수다는 점점 더 잦아든다. 골프 선수나 테니스 선수, 명상가, 뜨개질 하는 사람들, 음악가, 예술가, 달리기 선수는 내 말이 무슨 뜻인지 정확히 알고 있다. 운동선수들은 이 순간을 '더 존the zone'이라고 부른다. 그리고 좋은 소식은 여러분도 쉽게 더 존에 들어갈 수 있다는 것이다.

당면한 행동에 신경을 집중할 수 있다면 결국에는 의식도 상황을 이해하기 시작한다.

매번 그럴 때마다 당신은 자신을 신뢰하고 자신감을 갖는 경험을 쌓는다. 이 모든 게 장기적으로는 당신의 사고방식에도 영향을 미친다.

그렇다면 행동이 우리의 사고에 영향을 미치는 두 번째 방법은 뭘까?

생각이 곧 현실이 될 수 있다고 말했던 것이 기억나는가? 이것은 사실이다. 생각이 당신의 현실이 될 수 있기는 하지만, 생각은 오직 행동을 통해서만 당신의 삶이 된다. 그때까지 생각은 그저 생각에 불과하다.

우리의 마음은 때로 유령의 집에 있는 거울과 같아서 내 삶과 잠재력을 비틀고 왜곡하고 흐릿하게 만든다.

마음은 종종 세상을 비현실적으로 인식할 때가 있다. 마치 거대한 먹지 위에 그려진 그림처럼 우리의 인생 위에는 해석과 오해, 무의식적인 행동과 의견, 문화 및 가족의 영향이 흩뿌려져 있다. 현실을 이 그림에 맞추려고 하면 할수록 우리는 더 고전하게 될 뿐이다.

실제 삶의 모습과 우리가 생각하는 삶의 모습 사이에는 큰 차이가 있다. 그리고 그게 곧 블랙홀이 되어 부질없는 노력을 쏟아 붓게 만들기도 한다.

배경의 소음과 여러 판단이 만들어내는 불협화음 때문에 우리는 많은 것들을 실제보다 더 좋거나 나쁘다고, 더 쉽거나 어렵다고 생각한다.

이렇게 생각해보라. 방금 당신이 뭔가 중요한 것을 망쳤다. 당신의 머릿속에는 즉각적으로 '난 정말 바보야', '난 항상 뭐든 망쳐놓지' 같은 생각들이 무작위로 떠오른다.

이 모든 게 의미하는 것은 하나의 상황에 대한 당신의 반응이 전체 그림과 어긋나고 있다는 사실이다. 해야 할 일이 불가능하다고 징징댈 때처럼 말이다. 당신의 뇌는 그런 생각을 따라가다가 결국은 혼돈 속으로 빠져든다.

다행스러운 일은, 그 생각을 전체의 작은 일부로 인정하고 차분히 행동에 착수하면 그동안 당신이 얼토당토않은 생각을 하고 있었음을 서서히 깨닫게 된다는 점이다.

사실 이 방법은 정신과 의사들이 환자를 치료하는 방법과 비슷하다. 정신과 의사들이 이 방법을 쓰는 이유는 물론 효과가 있기 때문이다. 행동을 가지고 생각에 반기를 들고, 내가 저항하는 상황에 나를 노출시키면, 뇌가 세상을 더 의식적으로 보게끔 훈련시킬 수 있다. 우리가 생각하는 대로가 아니라 있는 그대로의 삶을 사는 데 더 익숙해질 수 있다.

다음번에 혹시 조금이라도 부정적인 생각을 경험하거나 느끼게 되면 즉시 다음 행동으로 옮겨가라. 그 생각과는 독립적으로 행동하라. 더 구체적으로는 자동으로 떠오르는 생각이나 느낌에 지배되지 말고, 당신에게 가장 도움이 되는 방식으로 행동하라. 이렇게 하다 보면 매번 지난번보다는 더 쉬워질 테고, 결국에는 정신이 잠에서 깨어나 깨달을 것이다. '이봐, 나 이거 할 수 있어. 나 점점 더 잘하고 있어!'

기분이 좋아질 때까지 기다리지 마라

"아무것도 하지 않으면 의심과 공포가 생긴다. 행동하면 자신감과 용기가 생긴다. 두려움을 정복하고 싶다면 집에 앉아서 생각만 하지 말고, 나가서 바쁘게 움직여라."

_데일 카네기

나는 카네기의 이 말을 좋아한다. 아무것도 하지 않는 것보다 행동을 택하면, 자동적으로 떠오르는 생각들을 넘어서서 행동하게 되면, 재미난 일이 벌어진다. 내 마음을 괴롭히던 일들을 잊게 된다.

간단히 말해, 행동을 하게 되면 다른 것을 생각할 시간이 없다. 무언가를 하느라 바쁘면 내면의 걱정과 부정적인 말에 집중하기가 힘들다. 중요한 것은 계기다. 일단 움직이기 시작하면 계속 움직이는 것은 어렵지 않다. 엄두가 안 나게 길어 보이던 길도 일단 속도가 나기 시작하면 흐릿하게 보인다.

하지만 그러려면 먼저 시동을 걸고 차를 길 위에 올려야 한다. 차가 저절로 출발해 진입로 입구에서 참을성 있게 당신을 기다려주지는 않는다.

그런데 생각해보면 대부분의 사람들이 그렇게 하고 있다. 우리는 나 대신 누가 운전해주기를 바란다. 우리는 생산적인 기분이 들면 삶을 더 잘 헤쳐 나갈 수 있을 거라고, 자신감 있는 기분이 들면 일이 더 쉬워지거나 할 만해질 거라고 생각한다. 하지만 가고 싶은 곳에 도착하려면 당신이 직접 운전대를 잡아야 한다.

준비가 되었든 아니든, 안전벨트를 하고 가속 페달을 힘차게 밟아야 한다.

오늘은 평소와는 다르게 행동해보길 바란다. 전형적으로 부정적이거나 비생산적인 당신의 사고는 접어두고 한번 행동해보길 바란다. 순간순간 눈앞의 것이 요구하는 대로 행동하라. 감정은 잊어라, 행동을 해라!

기분이 좋아질 때까지 기다리지 마라. 나 대신 일을 해줄 마법 같은 기분을 찾아 꼼짝 않고 있지 마라.

그냥 행동해라. 생각은 접어두고 움직여라.

억지로 기분을 끌어올리라는 말이 아니다. 모든 걸 딱 맞게 하라는 말이 아니다. 그냥 행동을 해라. 하면 된다.

'조금 있다가', '이 프로그램만 끝나고'가 아니라, 당장 해라.

물론 당신의 마음은 늘 행동하지 않을 이유를 찾아내려고 할 것이다. 수많은 다른 일을 해도 된다고 말할 것이다. 최근에 겪고 있는 그 모든 스트레스와 의심들을 끄집어낼 것이다.

하지만 생각에 기초해서 행동하지 말고, 눈앞에 있는 것을 기초로 행동하라.

행동을 바꿔서 인생을 바꿔라. 방법은 그것뿐이다.

아직도 더 동기부여가 필요한가? 직접 또는 이야기를 통해 당신이 아는 가장 훌륭한 사람을 한번 떠올려보라. 당신은 그 사람의 생각을 떠올릴 수 있는가? 아니면 그 사람의 행동을 기억하는 건가?

간디나 로자 파크스, 에이브러햄 링컨이 한 번도 의심이나 두려움, 불확실성에 사로잡히지 않았을 것 같은가? 니콜라 테슬라나 스티브 잡스는 어떤가? 정말로 그들이 매일 아침 머릿속으로 〈Everything's Coming Up Roses〉가 울려 퍼지는 완벽한 기분으로 일어났을 거라고 생각하는가? 절대 아니다. 그들도 당신과 똑같은 생각에 사로잡혔지만, 아랑곳하지 않고 행동했다. 소매를 걷어붙이고, 방해가 되는 것은 모두 치우고, 알려지지 않은 세상을 향해 성큼성큼 걸어갔다. 그들의 노력은 수동적이지 않았다. 그들의 위대함이 그냥 기적처럼 공기 중에 떠올라서 우리가 숨 쉴 수 있게 된 것이 아니다. 그들이 행동하지 않았다면 우리는 당초 그들의 열정이 무엇이었는지조차 알 길이 없을 것이다. 그들의 위대함도, 지혜도 목격할 일이 없었을 것이다.

그들은 고생했고, 의심했고, 여러 날을 잠 못 이루었다. 그들은 일과 인생이 마침내 자리를 잡을 때까지 걱정하고, 싸우고, 매진했다.

과거 혹은 현재에 좋은 아이디어를 가진 듯 보였으나 결코 많은 것을 이루지는 못한 사람이 얼마나 많은가?
사람들이 그렇게 되는 것은 자신의 행동보다 사고방식을 더 걱정하기 때문이다.

반면에 부정적인 생각을 가졌으나 크게 성공한 사람들이 얼마나 많은지 한번 생각해보라.

수많은 전설의 음악가들이 약물 문제를 갖고 있었다. 수많은 프로 운동선수들이 분노조절 장애가 있었다. 수많은 모델들이 신체에 대해 건강하지 못한 이미지를 갖고 있었다. 수많은 백만장자들이 결핍된 사고방식을 갖고 있었다.

명단은 끝도 없다. 핵심은, 긍정적 사고를 한다고 반드시 무언가를 성취하는 것도 아니고, 부정적 사고를 한다고 반드시 실패하는 것도 아니라는 얘기다. 위에 말한 사람들은 모두 내면 상태와는 별개로 행동했다. 당신도 그렇게 할 수 있다.

중요한 것은 행동이다. 나가서 행동하라. 온갖 부정적 사고가 따라다녀도 상관없다. 부정적 사고는 결코 더 좋아지지도, 쉬워지지도, 이해가 가게 되지도 않을 것이다. 바로 지금이다. 지금이 바로 당신의 삶이고, 지금보다 더 좋은 순간은 다시 오지 않을 것이다.

뭘 해야 할지 어디서부터 시작할지 모르겠는가? 좋다. 그게 당신의 첫 번째 행동이 되면 된다. 찾아내라. 알아내라. 인터넷을 뒤지고, 책을 읽고, 질문을 하고, 수업을 듣고, 조언을 구하고, 뭐든 하라. 당신을 망치는 행동을 그만두고 삶으로 뛰어드는 데 필요하다면 무엇이든 하라. 일어나서 출발하라.

"행동이 꼭 행복을 가져오지는 않을 수도 있지만, 행동 없이는 행복도 없다."

_벤저민 디즈레일리

그냥 첫발을 떼라, 그리고 다음 발, 또 다음 발

'생각이 아니라 행동이 나를 규정해.'

이게 바로 당신의 새로운 자기 단언이다. 이 한 문장에 모든 게 요약되어 있다. 계속해라. 말해보라. '생각이 아니라 행동이 나를 규정해.'

당신은 당신의 생각이 아니다. 당신의 생각이란 무작위로 당신의 머릿속을 스쳐가는 것들에 불과하다. 그중 다수가 당신이 전혀 통제할 수 없는 것들이다.

결국 우리는 누구나 발전적이고 더 긍정적인 생각을 갖고 싶어 한다. 그러나 거기 그렇게 앉아 있다고 해서 그 일이 일어나지는 않는다.

내 몸과 마음을 단련하고, 경험을 겪고, 두려워하는 것을 직시하고, 무언가를 이루고, 심지어 실패할 때에만 우리는 정말로 나 자신을 바꿀 수 있다.

당신이 세상에서 가장 똑똑한 사람이라고 하더라도 행동하지 않는다면 아무 의미도 없다.

다음번에 기분이 들지 않을 때는 그 점을 기억하라. 출근하고 싶지 않을 때, 인생에서 큰 한발을 떼고 싶지 않을 때, 시작하기에는 자기 자신이 좀처럼 미덥지 못할 때도 기억하라.

전부 다 잊어버려라. 그냥 첫발을 떼라. 그리고 다음 발. 또 다음 발.

당신은 당신의 생각이 아니다. 행동하라. 당신이 하는 일이 당신을 규정한다.

Chapter 7

아무도 모른다. 당신이 뭘 할 수 있고, 뭘 할 수 없는지

시작의 기술 6
'나는 부단한 사람이야'

UNFU*K YOURSELF

무슨 일이 일어나도
계속해서 움직이고, 움직이고,
또 움직이게 해주는 계기,
부단함.

기억을 더듬어 당신 인생의 가장 큰 성공을 떠올려보라.

정말로 큰 매출을 올렸을 수도 있고, 회사를 차렸을 수도 있고, 집을 샀을 수도 있을 것이다. 사랑하는 사람과 결혼을 했을 수도 있고, 다시 학교로 돌아가거나, 마라톤을 완주했을 수도 있다. 무엇이든 상관없다. 당신이 정말로 자랑스럽게 여기기만 하면 된다.

당신은 대체 무슨 수로 그 일을 이루었는가?

아마 소파에 앉아서 배꼽만 만지작거리고 있지는 않았을 것이다. 매일 똑같이 단조로운 일상에 빠져 있지도 않았을 테고, 머릿속으로 1977년 이후 우윳값이 얼마나 많이 뛰었나 계산하고 있지도 않았을 것이다.

그럼 뭘 어떻게 한 것인가?

당신이 정확히 뭘 어떻게 했는지는 짐작할 수 없지만 한 가지는 확실하다. 당신은 편안하지 않았을 것이다. 달리 말해 당신은 아마 당신의 안전지대 밖에서 활동하고 있었을 것이다.

커리어에서 위험을 감수할 때 느끼는 불안과 의심에서부터 러닝머신에서 5분을 더 뛸 때 경험하는 숨 가쁜 느낌과 근육의 통증까지 우리의 가장 큰 성공은 불편과 불확실, 위험에서 탄생한다.

> "세상에 노력과 고통, 어려움이 아닌 것 중에 가지거나 할 가치가 있는 것은 없다."
>
> _시어도어 루스벨트

실제로 당신이 경험하는 불편과 어려움의 정도가 클수록 이후에 느끼는 개인적 성취의 느낌도 더 커진다.

그게 바로 위대한 성취와 비범한 성공이 그토록 드문 이유이기도 하다. 대부분의 사람은 불편한 것을 좋아하지 않기 때문이다.

계속 정진하게 하는 동력

무언가를 이루려고 노력할 때마다 당신은 물살을 거슬러야 한다. 종종 주변 사람들의 의견이 당신을 목적지로부터 멀리 끌어내기도 한다.

그들은 당신이 할 수 없다고 말할 것이다. 당신이 실수를 하고 있다고, 그건 불가능하다고, 실패할 거라고 말할 것이다. 당신이 추구하는 일이 독특하고 독창적일수록 반대도 더 거세질 것이다. 왜냐고? 왜냐하면 당신 인생의 사람들은 당신을 특정한 종류의 사람으로 생각하는 데 익숙해졌기 때문이다. 그래서 당신이 그 틀을 깨려고 할 때마다 당신은 자신의 세상만 어지럽히고 있는 게 아니라 그들의 세상까지 어지럽히고 있다고 생각한다.

저항이 꼭 남들에게서만 오는 것도 아니다. 당신 마음속에서도 저항이 온다. 의식적, 무의식적 생각 모두가 당신의 꿈을 멈추게 하려고 당신을 막아설 수도 있다.

명백히 부정적인 생각이 떠오를 수도 있다. '불가능한 일인데 시도는 왜 해?' 아니면 좀 더 미묘한 방식일 수도 있다.

'일찍 출근해서 일하는 것보다는 잠을 좀 더 자는 게 훨씬 낫지 않을까?'

'일하는 것보다는 오늘 출근 직전까지 한 스마트폰의 그 게임이 훨씬 더 재미있어.'

앞 챕터에서 이야기한 것처럼 당신은 이런 한눈팔 거리와 반대를 극복할 수 있다. 하지만 당신의 긴 여정에서 가끔은 어디쯤 왔는지 길을 잃을 때도 있을 것이다. 일상의 단조로움에 꽉 막힌 나머지 완전히 길을 벗어나 정글 속으로 들어서고 지도도, 물도, 단서도 없이 헤매고 다닐 수도 있을 것이다.

옳은 방향으로 가고 있는가? 얼마나 더 가야 도착하는가? 이

짓을 얼마나 더 할 수 있겠는가? 어쩌면 이쪽일지도 모른다. 아니, 잠깐. 이쪽인가 보다.

그리고 불가피하게 장애물을 만나거나 걸려 넘어지게 되면 당신은 여정 자체에 의문을 제기할 수도 있다. 어쩌면 돌아가야 할 때는 아닐까?

여기가 어디인지, 얼마나 왔고 얼마나 더 가야 하는지 모를 때, 바로 그때 당신을 계속 가게 해줄 수 있는 것은 오직 하나뿐이다.

그게 바로 부단함이다. 부단함은 무슨 일이 일어나도 계속해서 움직이고, 움직이고, 또 움직이게 해주는 계기다.

느낌이 오든, 의심과 걱정에 사로잡히든 상관없다.

중요한 것은 이것이다. 진정한 부단함은 남은 것이 부단함밖에 없을 때 나타난다. 모든 걸 잃은 것처럼 보일 때, 모든 희망과 성공의 흔적이 이미 오래전에 사라진 것처럼 보일 때, 그때 당신을 계속 정진하게 하는 동력이 바로 부단함이다.

당신이 동의하지 않으면
사실이 되지 않는다

가장 크게 성공한 사람들이 그 자리에 가게 된 것은 장애물을 넘어섰기 때문이다.

하지만 이것은 말이 쉽지, 실제로는 쉽지 않다. '절대 포기하지 마'라고 말하는 것과 실제로 부단함을 당신 인생의 가장 가치 있는 목적으로 삼는 것은 전혀 다른 일이다.

잘 들어보라. 결국에 가면 당신을 성공하지 못하게 막는 것은 세상이 아니다. 당신이 뭐 그리 대단한 사람이라고. 우주는 당신을 성공시키기 위해서도, 실패시키기 위해서도 공모하지 않는다. 당신을 멈추게 만드는 유일한 것은 무언가가 나를 멈춰 세웠다는 생각에 당신이 동조했을 때다. 그때야말로 당신은 정말로 멈춘다. 그때까지는 게임 속 원숭이처럼 계속 가고 있다.

> "어떤 사상을 받아들이지 않고도 생각해볼 수 있는 것은
> 교육 받은 사람의 특징이다."
>
> _아리스토텔레스

인류 역사에서 한때는 불가능한 것으로 인식되었으나 결국은 이뤄낸 것들을 한번 생각해보라. 1850년대에 사는 사람에게 금속통에 사람 수백 명을 태우고 캘리포니아에서 중국까지 날아갈 수 있다고 말했다면 당신은 남은 평생을 정신병원에서 보내야 했을 것이다.

그러나 라이트 형제는 비행이 불가능하다는 생각을 인정하지 않았다. 그들은 그냥 그 생각 자체를 받아들이지 않았다. 인간의 비행이 가능하다는 것을 증명해줄 역사적 증거는 하나도 없었는데 말이다.

물리적 증거도 없고 한 번도 이뤄진 적 없는 일이었지만 그들은 그 일이 일어나게 만들 작정이었고 멈추지 않고 목표를 추구했다.

이것을 당신이 가진 문제와 한번 비교해보라. 보통의 사람이라면 당신의 목표가 인류 최초의 비행기를 만드는 것만큼 야심 차지는 않을 것이다.

아마도 당신이 원하는 것은 그저 돈을 좀 더 벌거나, 갈등을

때로는 그냥
원하는 것을 위해
죽도록 노력하고,
내 것이라고 주장하고,
돌진해야 한다.

마주하거나, 소울메이트를 찾거나, 살을 좀 빼거나, 더 잘 살기 위해 전력을 다해보는 일 정도다. 당신과 다름없는 능력을 가진 사람들이 이미 수백만 번은 했던 일이고, 앞으로도 계속하게 될 일이다.

이런 목표는 실제로 가능한 것들이다. 그러나 '당신은 그럴 자격이 있어요!'라고 말하는 수많은 자기계발서에 속지는 마라. 당신은 그럴 자격이 없다. 그런 자격을 가진 사람은 아무도 없다. 그런 말들은 당신을 기다리고 바라게 만들어서 결국은 인생의 희생자로 만든다. 때로는 그냥 원하는 것을 위해 죽도록 노력하고, 내 것이라고 주장하고, 돌진해야 한다. 말 그대로 그런 일이 일어나게 당신이 만들어야 한다.

그러니 누가 당신을 보며 "너는 절대 10억을 벌지 못할 거야"라고 하거나, 뇌가 당신에게 "네가 45킬로그램을 빼는 건 불가능해"라고 말하거든, 당신한테는 두 가지 선택이 있다. 나는 지금 뭐가 뭔지도 모르면서 노력 중이고, 필요한 자원도 없고, 그럴 능력도 안 되고, 그런 일을 하려면 나 자신이나 내 인생부터 고쳐야 한다는 얘기에 굴복하는 방법이 있다. 그러고 나서 다 그만두면 된다.

아니면 당신은 동의하지 않을 수 있다. 그런 생각을 받아들이기를 거부하고, 당신의 위대함을 향해 손을 뻗을 수 있다. 당신은 "아니, 네가 틀렸어. 내가 증명하겠어"라고 말할 수 있다.

불가능한 것이 가능해지는 것은 오직 당신이 그 가능성을 믿을 때이다.

> "불가능하다고 생각하지만 않는다면 우리는 더 많은 것을 이룰 수 있다."
>
> _빈스 롬바르디

기가 막힌 사실은 이 부분이다. '당신은 뭐가 가능하고 불가능한지 절대로 증명할 수 없다.'

당신이 온 힘을 다해 무언가를 1,000번을 시도해도 매번 무참히 실패하다가 1,001번째에 성공할 수도 있다.

당신은 절대로 알 수가 없다. 우리는 절대 모든 팩트를 다 가지고 있지 않다. 인간인 우리는 세상이나 바다, 우주, 기술은 고사하고 자신의 마음조차 아주 일부밖에 이해하지 못한다.

모든 해답을 다 알고 있다고 말하는 사람이 있다면 자신 있게 헛소리라고 말하라. 그들은 당신이나 다른 모든 사람들처럼 그때그때 즉흥적으로 대처할 뿐이다. 답을 안다고? 얼토당토않은 소리!

화성에 인간을 보내는 게 불가능한지조차 우리는 확실히 말할 수 없는데 우리 중 누가 감히 일상생활에서 우리가 뭘 할 수 있는지 안단 말인가?

아무도 모른다. 우리가 물어봐야 할 유일한 질문은 당신이 뭘 할 수 있고, 뭘 할 수 없는지에 대해 당신도 동의하느냐의 여부이다. 어느 의견이 진실이 되는 것은 당신이 그 의견을 받아들여서 더 이상 잠재력을 펼치지 않을 때뿐이다.

남들의 관점을 초월한 삶을 살 때 무엇이 가능한지는 내가 살아온 삶을 보면 잘 알 수 있다. 고등학교 때 나는 그냥 평범한 학생이었다. 하지만 지금은 전 세계를 돌며 수천 명의 사람들에게 인생 코치가 되어주고 있다. 내가 길을 안내한 사람들 중에는 의사, 변호사, 정치인, 배우, 운동선수, CEO도 있고, 심지어 아일랜드에서는 가톨릭 신부를, 태국에서는 불교 승

려를 코치했다.

저 밖에 알려지지 않은 세상에는 놀랍고 마법 같은 삶이 당신을 기다리고 있다. 달콤함만 가득하지는 않겠지만, 당신이 지금 흘려보내고 있는 것을 훨씬 능가하는 현실을 당신은 성취할 수 있다.

모든 걸 잃은 것처럼 보일 때조차 앞으로 전진하는 사람

실제로 부단함이라는 게 어떤 것인지 알 수 있게 우리 모두가 알 만한 커다란 성공 스토리를 하나 살펴보자. 아놀드 슈워제네거의 얘기다.

아놀드는 제2차 세계대전이 끝나고 겨우 2년이 지났을 때 오스트리아의 어느 작은 마을에서 가난한 부모 아래 태어났다.

그러나 어린 아놀드는 미국으로 가서 영화배우가 되는 것을 꿈꿨다. 그 꿈을 아놀드의 부모는 어떻게 생각했을까? 오스트리아의 동네 사람들은 그의 야망에 대해 뭐라 말하고, 뒤에서 뭐라 수군거렸을까?

잊지 마라. 지금 우리는 오늘날의 얘기를 하는 것이 아니다. 텔레비전과 인터넷, 스마트폰만 있으면 누구나 유명인이 될 수 있는 시절의 얘기가 아니다. 당시에는 대부분의 가정집에 텔레비전조차 없었다.

아놀드나 그의 동네 사람들에게 '미국'이란 모호한 환상 같은 것이었다. 사진이나 영화로만 보았던 나라였다.

그러니 아놀드를 알았던 사람들은 하나같이 그가 꿈을 이루지 못할 거라 생각했다. 어느 시점에서든 아놀드가 그런 생각을 받아들였다면 그 사람들의 말은 현실이 됐을 것이다.

또한 아놀드가 자신이 전 세계적으로 유명한 보디빌더가 될 수 없다는 말에 동의했더라면 그게 현실이 됐을 것이다. 그가 미국으로 이주하지 못할 거라는 말에 동의했더라면 그는 미국으로 오지 못했을 것이다. 영화에 출연할 수도, 스타 배우가 될 수도, 주지사가 될 수도 없다는 말을 받아들였다면, 그는 중도에 포기했을 것이다.

그러나 아놀드는 무엇이 가능하고 무엇이 불가능한지에 대해 세상이나 남들이 해주는 말에 결코 동의하지 않았다.

그는 멈추지 않았다. 그는 매일 몇 시간씩 체육관에서 보내며 몸을 단련했다. 보디빌딩 포즈를 연습하고 책을 읽었다. 영화를 공부하고 오디션을 봤다.

그는 멈추지 않았다. 포기하거나 계획을 바꾸는 건 그의 선택지에 없었다.

그가 걸어온 길을 보면 귀중한 사실 하나를 배울 수 있다. 때로는 부단함이 당신이 가진 '전부'라는 사실 말이다.

아놀드 이전에는 그 어느 오스트리아 보디빌더도 미국에 가서 A급 영화 배우가 된 적이 없었다. 캘리포니아 주지사로 선출된 것은 말할 것도 없다. 그는 분명 인생과 커리어의 상당 부분을 자신이 어디로 가는지도 모르는 채 보냈을 것이다. 지도에도 없는 땅을 여행하고 있다면 이정표 비슷한 것조차 찾을 수 없을 것이다. 그저 발견과 탐험이 있을 뿐이다. 아놀드는 남이 남긴 흔적을 따라가는 것이 아니라 새로운 자국을 내고 있었다.

그런 상황이 되면 당신이 할 수 있는 일은 오직 바로 앞에 있는 것에 집중하고 거기에 대처하는 것뿐이다. 한발, 한발 앞으로 내딛으며 매순간 나타나는 것들을 상대할 수밖에 없다.

웅장한 비전을 갖고 있었던 아놀드조차 결국 그 비전을 이뤄낸 것은 한 번에 한 걸음이었다.

그는 체육관에 가서 이두박근을 키우기 시작했다. 덤벨을 들었다 내리는 동작 하나하나에 집중했다. 반복에 반복을 거듭하며 근육이 구부러지고 갈라지고 커지는 것을 느꼈다.

그렇게 이두박근 운동이 끝나고 나면 어깨 운동으로 넘어갔다. 다음은 등 운동. 다음은 엉덩이. 다음은 대퇴근. 다음은 종아리.

각 근육 그룹을 운동할 때마다 그는 거기에 온전히 집중했다.

그리고 다음에는 다음 근육 그룹으로 옮겨가고, 또 옮겨가고, 또 옮겨갔다.

지칠 때까지 운동하고 나면 집으로 갔다. 그리고 다음 날이면 처음부터 다시 그 모든 운동을 했다. 멈추지 않고.

좀 더 최근의 사람을 살펴보자. 아프가니스탄에서 여성과 아동의 권리를 위해 싸우는 말랄라 유사프자이 같은 사람들, 아니면 신기록 업적을 보유한 마이크 펠프스, 양팔 없이 태어나서 지금은 항공기를 운항하고 있는 제시카 콕스도 있다.

어떤 그림인지 알겠는가?

부단하기 위한 핵심 열쇠는 눈앞의 문제에 집중하는 것이다. 거기에 온 관심을 집중시켜라. 모든 걸 잃은 것처럼 보일 때조차 앞으로 전진하는 사람이 되라. 해답은 언제나 저 밖에 있다. 당신은 그걸 찾기만 하면 된다.

그런 후에 다음 장애물로 넘어가면 된다. 그리고 이번에는 그 장애물이 해결될 때까지 거기에 온 관심을 집중시켜라. 그런

후에 다음 장애물, 다음 장애물, 다음 장애물이 있을 것이다.

이렇게 한다면 내가 어디로 가고 있는지 의문을 가질 필요가 없다. 앞으로 몇 마일을 더 가야 하는지 걱정되지도 않을 것이다. 당신은 장애물을 회피하기보다는 좋아하는 사람이 되었다. 왜냐하면 당신에게 장애물은 성공하고 성장하기 위한 열쇠이기 때문이다. 그냥 한 번에 한 걸음을 떼면 된다.

길을 막는 무언가를 만나게 되면, 그것을 넘어가거나 돌아갈 방법을 찾아라. 그리고 다시 계속 가라.

부단함이란 양팔을 사방으로 휘두르며 무조건 앞으로 돌진하라는 뜻이 아니다. 부단함은 결연한 행동을 집중적으로 하는 것이다. 계속해서 말이다.

피가 나고 멍이 들도록 벽에 주먹을 내리칠 필요는 없다. 망치와 끌을 이용해서 천천히 체계적으로 한 조각, 한 조각 뜯어내다 보면 결국은 벽에 구멍이 생길 것이다.

그 구멍은 더 커질 것이다. 그리고 더 커질 것이다. 그리고 어느 틈에 당신은 이상한 나라의 앨리스처럼 거울을 통과해 완전히 새로운 세상에 발을 내딛고 있을 것이다.

일어나 똑바로 앉아라, 허리를 곧게 펴라

옳은 길을 가고 있는지 확신할 수 없을 때는, 너무 격하게 상처 받았을 때는 얼마든지 낙담하고 좌절해도 괜찮다. 그러나 이 와중에도 하지 말아야 할 것은 멈추는 것이다.

왜냐하면 언제든지 부단함에 의지할 수 있기 때문이다. 다른 가진 것이 아무것도 없을 때도 당신에게는 부단함이 있다.

계속 가야 하는 건지, 여기서 이만 돌아서야 하는 건지 걱정하기보다는 부단하게 밀고 나가라. 부단함에는 한 방향밖에 없다. 앞으로 나아가는 것이다. 부단함에 있어서 선택은 하나뿐이다. 가던 길을 계속 가는 것이다.

포기는 없다. 중단은 없다. 계획 변경은 없다.

언뜻 아무 일도
벌어지지 않는 것처럼
보일 때에도
뭔가는 벌어지고 있다.
목표치를
달성하지 못할 때조차
당신은 발전하고 있다.

매일 몇 시간씩 체육관에 가는 보디빌더는 부단하다. 조롱 받고 거절당했지만 독창적인 아이디어를 가지고 계속해서 투자자를 찾는 미래의 사업가는 부단하다. 이제 막 대학을 졸업하고 방세도 내지 못할 만큼의 돈을 버는 말단 사원이지만 누구보다 오래 회사에 남아 최대한 많은 것을 배우려 하는 직원은 부단하다. 당신은 부단하다.

체육관에 한 번이라도 가본 사람이라면 운동의 결과가 즉시 눈에 보이지 않는다는 것을 안다. 러닝머신에서 30분을 뛰었다고 딴 사람처럼 보이지는 않는다.

그러나 그렇다고 해서 당신이 하고 있는 일이 효과가 없다는 뜻은 아니다. 당신은 발전하고 있다. 운동을 한 번 할 때마다, 한 걸음 내디딜 때마다, 한 번 움직일 때마다, 한 번 행동할 때마다 당신은 조금 더 좋아지고, 조금 더 가까워지고 있다.

그렇게 운동을 이어오던 어느 날, 문득 거울을 보며 이렇게 생각하게 될 것이다.
'와!'

사업도, 건강도, 커리어도, 이성관계도 마찬가지다. 언뜻 아무 일도 벌어지지 않는 것처럼 보일 때에도 뭔가는 벌어지고 있다. 목표치를 달성하지 못할 때조차 당신은 발전하고 있다.

그렇게 한 걸음씩 걷던 어느 날엔가 통장 잔고를 확인하며, 새로 얻은 직장을 보며, 아이들을 지켜보며, 새 집을 보며 생각할 것이다.
'와!'

바로 그렇기 때문에 당신은 계속 가야만 한다. 부단하게.

정글을 뚫고 지나가고 있을 때에는 사흘을 더 가야 마을이 나올지, 30분을 더 가야 마을이 나올지 알 수 없다. 당신이 할 수 있는 일은 걷는 것뿐이다. 그곳을 벗어나는 길은 앞으로 전진하는 것뿐이다.

일어나 똑바로 앉아라. 허리를 곧게 펴라. 내 말을 따라 해라.

'나는 부단한 사람이야.'

Chapter 8

당신의 인생이 그토록 어렵고 복잡했던 이유

시작의 기술 7
'나는 아무것도 기대하지 않고 모든 것을 받아들여'

당신 삶에서 김빠지고
뭔가 억눌린 감정을
느낀 곳이라면,
어디든 기대가 숨어 있다.

**먼저 이번 챕터의 제목에 현혹되지 마라.
앞으로 여러분은 놀라운 내용을 읽게 될 것이다.**

이렇게 한번 상상해보라.

당신은 늘 내 사업을 한번 해보고 싶었다. 내가 사장이 되어, 스케줄도 마음대로 조정하고, 인생의 업적이라고 말할 수 있는 정말로 자랑스러운 무언가를 만들고 싶었다.

확고한 결심을 하고 철저한 계획을 세우고 열심히 일한 당신은 당신의 꿈이 현실이 될 수 있게 삶 전체를 조율했다.

당신에게는 이미 훌륭한 사업 아이디어가 있다. 업체에 의뢰해 근사한 로고와 브랜드 네이밍도 만들고 이제 본격적으로 일할 차례다. 여기서부터 진짜 재미있겠지.

우선 당신은 가게가 필요하다. 그게 가장 먼저 해결해야 할 과제다. 다음 한 주 동안 당신은 차를 타고 동네를 돌아다니며 위치를 물색하고 부동산 계약을 협상한다.

마침내, 쉽지는 않았지만 꽤 괜찮은 위치라고 생각하는 곳에 상당히 좋은 가격의 가게를 찾아냈다. 여기 말고도 눈독을 들인 곳이 하나 더 있었지만, 당신의 예산으로는 얻을 수 없는 가게였다.

처리해야 할 일이 몇 가지 더 있다. 부동산 보험도 들고, 사업자 등록도 내고, 세금 계획도 세워야 한다. 아직 한 푼도 못 벌긴 했지만, 복잡한 사업 관련 세금을 처리해줄 회계사까지 이미 고용했다.

자, 그러면 다음 프로젝트. 가게에는 가구와 장비가 필요하니 당신은 쇼핑을 하며 시세를 알아본다. 하나 또 해결.

이 가게에서 일할 사람도 필요하다. 직원들을 채용해야겠군. 해결.

모든 게 순조롭게 진행되었는데…… 펑! 당신이 갖은 노력을 다했던 그 독특한 제품 계약이 무산되고 말았다. 이제 다른 제품을 찾아봐야 한다. 젠장! 심장이 덜컹 내려앉고 호흡이 가빠진 당신은 미친 듯이 도매업체와 수입업자, 제조사들을 찾아다니며 물량을 확보하려고 노력한다.

문제는 당신이 받게 된 제품의 가격대가 계획했던 것보다 훨씬 높다는 점이다. 이를 어쩐다? 당신은 쉴 새 없이 다른 방안을 찾아보지만 소득이 없다. 이러다 정말 큰일 나겠어!

이미 어마어마한 시간과 자원을 여기에 투자했는데 이렇게 큰 장애물이 나타날 줄이야. 이런 일이 생길 줄 미리 짐작했어야 한다는 생각이 이제야 든다. 이건 사업이다. 뭐든 잘못되게 되어 있다. 끝없는 의심과 후회가 머릿속을 하얗게 만들고 그 자리에 무거운 현실이 들어선다.

'젠장, 어쩐지 모든 게 너무 술술 풀린다 했어. 이런 일이 생길

줄 알았는데!'

이런 기분은 점점 더 쌓이고 커져서 결국 당신은 낙심하기 시작한다. 사업을 차린다는 것은 지금까지 당신이 노력해서 쌓아놓은 모든 것을 건다는 뜻이다. 과연 그럴 가치가 있을까? 그 정도 비용을 치를 만할까?

이제 당신은 정말로 고민한다. 당신은 이 프로젝트에 지난번 직장에서보다 많은 시간을 투자했다. 훨씬 더 많은 시간이다. 정말 밤낮없이 일하고 있다. 오히려 그 어느 때보다 내 시간을 내 마음대로 못 쓰고 있다. 온 정신과 시간과 돈을 여기에 쏟아 부었다. 대체 나는 왜 내 일을 하는 게 더 좋다고 생각했을까?

이러려고 사업을 시작한 게 아닌데. 어쩌면 사업을 시작한 것 자체가 실수인지도 모르겠다. 당신의 마음은 더 어두워지고 우울해진다. 그러다가 속이 울렁거리는 생각이 들기 시작한다. 투자한 돈을 모두 날리고 결국은 옛날 사장님을 찾아가서 일을 다시 하게 해달라고 부탁하게 되는 건 아닐까?
아악!!!!!!

진정하시라. 섣부른 생각으로 앞서나가기 전에 한발 뒤로 물러나보자.

인생에 산재하는 분노는 기대의 산물

어떻게 된 걸까?

간단하다. 당신은 다른 모든 사람들과 마찬가지로 기대 때문에 우울해지고 있다.

우리가 잘 아는 일상적 기대를 얘기하는 게 아니다. 스스로에게 의식적으로 '나는 이걸 기대해', '나는 저걸 기대해'라고 말하는 그 기대를 얘기하는 게 아니다. 수면 아래에서 진행되고 있는 기대, 당신이 시간을 갖고 면밀히 살펴보아야만 파악할 수 있는 기대를 말하는 것이다.

눈에 안 띄게 무대 아래에 숨어 있다가 갑작스러운 배신과 함께 우리를 허물어뜨리는, 추악한 숨은 기대 말이다. 느닷없이 나타나 무방비 상태인 우리를 공격하고 숨조차 못 쉬게 만드는 그런 기대 말이다.

인생의 대전환이 될 프로젝트를 시작하면 우리는 지금까지 아는 것을 기초로 마음의 준비를 한다. 내가 읽고 듣고 상상한 것과 경험을 기초로 한다. 마음속으로 그림을 그리기 시작한다. 조사를 하고, 사람들에게 의견을 물어보고, 수많은 정보를 소화한다. 어떤 모습을 만들어내야 하고 어떻게 하면 그게 가능할지 생각을 끼워 맞춘다. 그렇게 머릿속에 그려진 이미지를 기초로 우리는 계획을 짜고 작업을 해나간다.

그러나 우리가 보지 못하는 것은 그러는 동안 숨은 기대도 차근차근 쌓아가고 있다는 점이다. 최선을 다해 만든 계획의 토대에 숨어 있는 갈라진 틈과 균열은 생각한 아이디어를 제대로 펼쳐보기도 전에 프로젝트 자체를 무산시킬 수 있다. 앞서 말한 사업의 예에서 우리의 새내기 사업가는 제품 계약을 놓칠 거라고는 기대하지 않았다. 계약이 어그러진 것 자체도 나쁜 일이지만, 그의 포부에 가장 큰 타격이 된 것은 이 일이 그의 기대를 중단시켰다는 점이다.

내 삶에 숨은 기대가 있는지는 어떻게 알 수 있을까? 당신 삶에서 실망과 원망, 후회, 억압, 분노, 무기력을 경험한 곳이라면, 김빠지고 뭔가 억눌린 감정을 느낀 곳이라면, 어디든 이런 기대가 숨어 있다. 당신이 '당신 자신'이 아닌 곳, 그곳을 찬찬히 살펴보면 인생에 있어서 그 영역의 현실은 당신이 마음으로 예상한 시나리오에 미치지 못하는 것을 알 수 있다. 결혼생활에 화가 난다면 결혼생활이 어때야 하는지에 대한 당신의 기대와 실제 결혼생활 사이의 큰 격차가 보일 것이다. 누구에게는 이것이 경제 사정일 수도 있고, 체중 감량일 수도 있고, 새로운 직장일 수도 있다.

당신의 무기력함은 자신도 모르게 가진 기대와 현실 사이의 격차에서 생긴다. 그 격차가 클수록 당신이 느끼는 기분은 더 최악이 된다.

결혼생활에서 불화의 근본 원인은 기대를 충족시키지 못했기 때문이라는 글을 본 적이 있다.

나는 겨우 그 정도가 아니라고 생각한다. 기대 그 자체가 문제라고 생각한다. 나는 우리의 인생 전체에 산재하는 분노가 수천 가지의 말하지 않은 혹은 인식되지 않은 기대의 산물이라고 생각한다. 그 기대가 우리의 인생 경험에 거대한 먹구름을 드리우고 있다. 인생을 기대에 끼워 맞추려 하면 커다란 스트레스가 유발되고, 인생이 기대에 부응하지 못하면 대단한 실망감이 든다.

기대가 하는 일은 거기서 그치지 않는다. 기대는 우리의 진짜 삶에 방해가 된다. 정작 관심이 필요한 이슈나 문제에 집중하지 못하게 만들기 때문이다. 기대는 신기루와 같아서 우리의 진짜 힘을 사용하지 못하게 만들고 확고한 행동을 취할 수 있는 능력도 흐리게 만든다. 간단히 말해 기대는 각자의 상황에 긍정적인 영향을 줄 수 있는 행동을 하게 만드는 게 아니라, 여러 기대를 일부러 만들어내고 거기에 삶을 맞추게 한다. 이렇게 곁가지로 빠지다 보니 우리는 실제 삶을 개선하고 목표를 이뤄줄 일을 하는 게 아니라, 내가 아무 힘도 쓰지 못하고 결과도 얻지 못하고 시간만 낭비할 일을 하게 된다.

지금 당장 그 기대들을 놓아줘라

이제 기대와 관련해 우리가 가진 문제점을 속 시원히 알았으니 뭔가 깨달음이 올 것이다. 많은 경우 인생이 그토록 어렵고 복잡했던 이유는 당신이 가진 기대의 직접적 결과라는 사실 말이다.

앞서 우리는 사업 계획이 엇나간 경우를 예로 들어보았다. 하지만 당신의 삶에서도 실패한 연애나 직장에 대한 불만, 중단한 다이어트의 근원을 따라가 보면 역시나 기대가 자리하고 있을 것이다. '이건 내가 생각했던 게 아닌데?'라고 생각한 적이 얼마나 많았던가?

가장 최근에 누군가에게 화났던 경우를 떠올려보라. 기억나는가?

잠깐 시간을 내서 그때의 상황을 생각해보면 당신이 화가 났던 것은 기대의 산물이라는 사실을 금세 깨달을 것이다. '이렇게 되어야 하는데'와 현실 사이의 격차 말이다. 우리는 내 인생에 등장하는 사람들이 모두 마음이 맞고, 진실을 이야기하며, 나와 한 약속은 끝까지 지킬 거라고 기대한다. 기대하고, 기대하고, 기대한다. 그런 그들이 기대에 어긋나게 행동하면? 오, 이런!

"네, 다 좋은 얘기인데요. 그런데 저자님, 대체 '나의' 숨은 기대는 구체적으로 어떻게 찾아내나요?"

간단하다. 당신 인생에서 일이 뜻대로 진행되지 않는 영역을 골라보라. 지금 당장 골칫덩어리인 영역일 수도 있다. 종이와 펜을 들고 그 영역이 '원래' 어떻게 되어야 하는 것인지 적어보라. 당신의 계획은 뭐였는가?

그게 어떻게 진행됐는가? 그때 그 시점에서는 미래가 어떻게 보였는지 기억하려면 상상력을 좀 동원해야 할 수도 있다. 그 영역에 가졌던 희망과 긍정적 생각을 떠올려보고 원래 어떻게 진행되었어야 했는지 기억해보라. 기억나는 한 최대한 자세하게 묘사해보라.

그러면 다음은, 다른 종이에 이 영역이 실제로 지금은 어떻게 보이는지 적어보라. 그냥 '형편없어'가 아니라, 이번에도 정말 꼼꼼하게 묘사해보라. 왜 지금과 같은 형태이고 이제 당신이 상대해야 할 일이 무엇인지 자세히 적어보라. 당신 인생에서 이 부분이 기대를 충족시키지 못했다는 것이 지금은 어떻게 느껴지는가?

이제 두 장의 종이를 나란히 놓고 보라. 당신이 기대했던 것과 지금 실제로 가진 것 사이의 격차가 크면 클수록 당신의 고통과 고뇌, 실망감도 클 것이다. 바로 거기에 당신의 숨겨진 기대가 있다. 생각지도 못하게 당신이 어떤 기대를 품었는지 알 수 있을 것이다.

좋다. 그러면 이제 다시 보라. 이에 관해 당신이 느끼는 감정이 현실에는 어떤 영향을 미치는가? 당신의 현실을 조금이라도 더 좋게 만드는가? 당신의 문제를 해결해주는가? 절대 아니다. 긍정적 영향이라고는 눈곱만큼도 찾아볼 수 없다. 심지어 문제를 더 악화시킨다.

당신의 문제가 당신을 일탈하게 만드는 게 아니다. 당신의 숨은 기대가 당신을 일탈시킨다.

여기서 핵심은 '인생이 이러이러해야 한다'라는 기대가 당신에게 아무런 도움도 되지 않는다는 점이다. 실제로 당신은 상황 그 자체보다 자신의 기대에 더 많이 휘둘린다. 그게 기대의 문제점이다. 기대는 상황을 실제보다 훨씬 더 크게 부풀리고 문제에 효과적으로 대처할 수 있는 능력을 희석시킨다. 지금 내가 하는 얘기는 특별히 획기적인 내용이 아니다. 기대를 '놓아주라'는 얘기는 수천 년간 있어왔는데도, 지금 우리 문화에서는 그것을 실천하는 사람이 아주 드문 것뿐이다.

내가 주는 조언은 이것이다. 기대를 잘라내라. 지금 당장 그 기대들을 놓아줘라.

불필요하고 비생산적인 기대를 놓아주지 않아서 수렁에 빠지는 것보다는 인생의 예측불가능성을 인정하고 주위 환경을 있는 그대로 이해하는 편이 훨씬 도움이 된다.

세상은 변화를 중심으로 돌아간다. 태어나면 죽고, 성장하면 파괴되고, 올라가면 내려가고, 여름이 가면 겨울이 온다. 아무리 모든 게 그대로 있을 것 같아도, 오늘과 내일은 결코 같지 않다.

"누구도 같은 강에 두 번 발을 담글 수 없다."

_헤라클레이토스

우리의 마음은 앞으로 일어날 모든 일을 예측하고 계획하는 것을 좋아한다. 그러나 그런 일은 절대 가능하지 않다. 이런 기대는 정서에 부정적 영향을 미칠 뿐만 아니라 실제로 발휘할 수 있는 힘도 제대로 내지 못하게 만든다.

매사를 일어나는 그대로 받아들이는 편이 훨씬 더 효과적이다. 현재에 살아라(달리 살 방법도 없지 않은가). 끊임없이 예상하지 말고, 이슈나 문제가 발생하면 그때 가서 해결하라.

그렇다고 내가 계획 반대주의자라거나 그런 것은 아니다(절대 아니다). 하지만 계획(과 그 안에 포함된 모든 기대)에 절대적으로 집착하는 것은 강을 건너다 보트에서 떨어지고도 계속 노를 젓는 것과 비슷하다. 더 이상 당신한테는 보트도 없고 노도 없는데 말이다. '상황이 이렇게 됐어야 하는데'라는 당신의 계획(과 이미지)은 더 이상 무의미하다. 그런데도 당신은 기대와 현실 사이의 공간을 없애보려고 끙끙대고 있다.

때론 인생에 그런 순간이 있다. 게임이 이미 바뀌었고 당신은 방향을 돌려야 한다는 사실을 깨달아야 할 때가 있다. 이제 그만 현실을 직시하라.

정신 차려라. 당신은 이미 강에 빠졌다. 더 이상 팔을 이리저리 흔들지 말고 강가를 찾아 헤엄쳐라!

인생은 행진이 아니라 춤이다

마음속에는 온갖 자동적 사고 과정이 있다. 우리는 그런 게 진행되고 있는지조차 모른다. 기대도 바로 그런 것들 중에 하나다. 그리고 중요한 하나다.

우리 뇌의 작동 원리와 관련해 엄중한 진실이 하나 있다.

우리는 다들 '자유의지'라는 걸 믿고 싶어 한다. 인간인 우리에게는 아주 호소력 있는 개념이다. 솔직히 자유의지가 없다면 대체 인간이 가진 게 뭐란 말인가?

우리는 무슨 일을 언제 할지 자유로이 선택할 수 있다는 생각을 소중히 여긴다. 우리는 내 운명을 내가 통제하고 만들어간다고 느끼고 싶다.

그러나 마음이 그런 자동적 사고 과정에 의해 결정된다면, 정말로 우리에게 자유의지가 있다고 말할 수 있을까? 많은 사람들이 그렇지 않다고 할 것이다. 우리가 가진 자유의지가 얼마 만큼인지 말해주겠다. 하지 말아야 한다고 알고 있는 모든 행동을 그만둬라. 그리고 해야 한다고 알고 있는 모든 행동을 시작하라. 전부 다 말이다.

어떤가? 자유의지라는 게 생각보다 쉽지 않다는 걸 이제 알겠는가?

> "스스로를 통제하지 못하는 사람은 결코 자유롭지 않다."
> _에픽테토스

왜냐하면 이 책에서 누누이 이야기한 것처럼 당신이 의식적인 결정을 내리고 있다고 느낄 때조차 거기에는 그 선택을 몰아가는 일련의 무의식적 사고 과정이 있기 때문이다. 볼 수도 없고 인식할 수도 없는 그런 과정 말이다.

사람들은 생각보다 훨씬 비합리적이고 비논리적이다. 많은 경우 꼭두각시 같은 우리를 실제로 좌우하는 것은 무의식이다.

다행히도 당신은 선택의 자유를 되찾아올 수 있다. 우리의 마음이 어떻게 작동하는지를 이해하고, 실제로 마음이 작동하고 있을 때 그것을 인식하고, 그 정보를 이용해서 의식적으로 다른 선택을 내리면 된다. 무의식적인 것을 의식적으로 만들면 된다.

기대가 바로 그런 것 중의 하나다.

아무것도 기대하지 않으면 현재를 살게 된다

마지막으로 당신이 단언할 문장은 '나는 아무것도 기대하지 않고 모든 것을 받아들여'이다.

좀 더 분명하게 설명해보면 이렇다. 이것은 힘없이 삶에 순순히 항복하자는 얘기가 아니다. 오히려 그 무엇에도, 그 누구에게도 지배되지 않는 사람이 하는 이야기다.

아무것도 기대하지 않으면 현재를 살게 된다. 미래를 걱정하지도 않고 과거를 부정하지도 않는다. 상황이 닥치면 닥치는 대로 그냥 환영하게 된다. 모든 것을 받아들인다는 말은 모든 게 허용된다거나 모든 것에 동의한다는 뜻이 아니다. 다만 당신이 모든 것의 주인이 되고 책임자가 된다는 뜻이다. 주인의식과 책임감을 가진다면 언제나 주어진 것을 바꿀 수 있다. 때로는 이게 당신의 문제를 해결하는 가장 효과적인 방법이다. 주인이 되라!

> "매사가 당신 뜻대로 되기를 바라지 마라. 일어나는 대로 일어나기를 바라라. 그러면 모든 게 괜찮을 것이다."
> _에픽테토스

다음번에 당신이 기대 때문에 우울해진 것을 알게 되면 방향을 바꿔라. 당신이 바라거나 기대했던 것과 다른 결론이 나왔다고 애태우지 말고, 상황을 그냥 있는 그대로 받아들여라.

그러면 다시 그것들을 상대할 수 있는 자유가 생길 것이다.

'이게 맞아.' 새로 들어간 직장이 점점 힘들어지면 한발 뒤로 물러나서 실제로는 이 감정이 지금 상황과 얼마나 어울리는 일인지 깨달아라. 당연히 새 직장에는 적응 기간이 필요하다. 당신이 하는 일이 되었든, 함께 일하는 사람이 되었든 말이다. 그러니 몇 번의 실수를 저지르고, 새로운 동료들을 알아가느라 조심조심하는 것은 너무나 당연한 일이다. 이렇게 생각하면 그 자리에서 기대는 눈 녹듯 사라진다.

사람과의 관계에 문제가 있다면 관점을 바꿔서 큰 그림을 보라. 당신의 기대는 무엇인가?

우리는 배우자가 시종일관 특정한 모습을 보이기를 기대한다. 마치 마법처럼 나의 필요를 미리 알고, 지금 내 기분이 어떤지 정확히 알아주기를 바란다. 그러나 상대는 당신과 마찬가지로 불완전한 인간이며 자신만의 복잡한 감정과 생각들을 갖고 있다. 그러니 안 좋은 일이 있을 때 때로는 딴 생각을 하고 당신을 충분히 이해하지 못하는 것은 당연한 일이다.
종종 우리는 내가 남들을 대하는 것과 똑같은 방식으로 남들도 나를 대해주기를 바란다. 내가 뭔가 호의를 베풀면 상대도 그에 대한 보답으로 호의를 베풀어주기를 바란다. 그러니까 말하지는 않았지만 상대가 나에게 일종의 빚을 졌다고 생각한다. 내가 배우자에게 발 마사지를 해줬으면 직접적으로든 간접적으로든 답례를 기대한다. 친밀한 사이나 이성관계에서는 이런 기대가 점점 더 무거워지고 복잡해진다.

그런데 기대를 놓아주는 순간, 일어나는 상황을 있는 그대로 수용하는 법을 배우는 순간, 남들과의 관계는 믿기지 않을 만큼 더 좋아진다.

다시 말하지만, 이 말은 나를 홀대하는 거지 같은 관계도 참고 견뎌야 한다는 뜻이 아니다. 하지만 한 사람보다 더 예측 불가능한 게 있다면 예측 불가능한 두 사람이다. 당신의 관계가 그런 사이라면 앞서 비유한 보트를 떠올려볼 때가 됐다. 노는 그만 저어라. 게임이 바뀌었다. 당신의 계획을 바꿔라. 배우자도, 친구도, 가족도 모두 자신만의 욕망과 인식과 감정이 있다. 당신이 무언가를 생각하고 있을 때 상대는 전혀 다른 것을 생각하고 있을 것이다. 당신을 열 받게 만든 그 일을 눈치조차 못 채고 있을 수도 있다. 당신이 무슨 일을 겪고 있는지 까맣게 모를 수도 있다.

말없이 무언가를 기대했다가 그 일이 일어나지 않으면 무시당했다고 느끼지 말고, 기대를 놓아줘라. 원하는 게 있으면 기대하지 말고 부탁하라. 좋은 일, 친절한 일을 할 때는 답례로 무언가를 기대하지 말고 정말로 원해서 하라.

이에는 이, 눈에는 눈 방식의 게임은 장기적으로 보면 두 사람 모두에게 상처가 될 뿐이다.

지속적으로 두 사람의 관계를 위협하는 심각한 이유가 있다면 그 문제를 정면으로 마주해 논의하라. 상대가 내 감정을 알아주기를 기대하거나 내 기분을 바꿔줄 수 있다고 기대하지 마라. 그것은 상대의 능력 밖이다. 그렇게 할 수 있는 사람은 당신밖에 없다.

사람들은 언제나 거짓말하고, 훔치고, 속이고, 상상할 수 있는 일은 모두 다 할 것이다. 사람들이 그러지 않을 거라고 기대하며 살다가, 여전히 사람들이 그렇게 행동하면 폭발해버린다. 당신은 현실을 무시하는 것이다. 기억하라. 그렇게 되면 자기만 더 힘들어진다. 훨씬 더 힘들어진다!

결국 당신은 원망과 후회, 분노, 좌절에서 벗어나지 못할 것이다. 기억하라. 상대가 당신한테 그런 걸 안겨주는 게 아니다. 당신이 당신 자신에게 그렇게 하고 있는 것이다. 당신은 현실을 있는 그대로 받아들일 수 있다. 그렇다고 당신이 현실을 그냥 보고 넘기거나 단호하게 바꿀 수 없다는 뜻이 아니다. 중요한 것은 당신의 마음과 정서 상태를 다스리는 것이다. 내적, 외적 분노에 굴복하지 않고, 마음을 진정시키고 당신이 놓인 상황에 힘 있게 대처하는 게 핵심이다.

손이 닿는 곳에 이미 놓여 있는 변화의 힘

그렇다고 당신이 아무 계획도 세울 수 없다는 얘기가 아니다. 또 방향이나 목표도 없이, 정처 없이 헤매고 다니라는 얘기도 아니다.

다만 계획을 세울 때 그 안에 내재된 기대까지 꼭 붙들고 가는 게 무슨 득이 될까? 아무 득도 되지 않는다. 계획에 대한 기대로부터 벗어나면 삶과 함께 춤을 출 수 있다. 그냥 계획을 실행한 다음, 일어나는 일에 대처하면 된다.

계획이 성공하면 축하하라. 계획이 실패하면 조정하라.

승리나 패배를 기대하지 마라. 승리를 계획하되, 패배에서 배워라. 사람들이 당신을 사랑하거나 존경해주기를 기대하는 것 역시 쓸데없는 일이다. 사람들을 있는 그대로 사랑하라. 그리고 사람들이 당신을 사랑해주는 방식 그대로 사랑을 받아라. 기대라는 무거운 짐과 멜로 드라마에서 벗어나라. 결과에 연연하지 마라.

당신이 갖게 될 거라고 기대했던 삶이 아니라, 지금 당신이 가진 삶을 사랑하라.

'나는 아무것도 기대하지 않고 모든 것을 받아들여.' 이 간단한 단언이 당신을 머릿속에서 나와 삶 속으로 뛰어들게 해줄 것이다. 생각에서 벗어나 현실로 들어가게 해줄 것이다. 인간이라면 누구에게나 문제와 장벽과 불화와 실망이 삶의 일부

당신이 갖게 될 거라고
기대했던 삶이 아니라,
지금 당신이 가진 삶을
사랑하라.

처럼 존재한다.

여러분이 해야 할 일은 그런 것들에 사로잡히지 않는 것이다. 평범함과 극적 사건이라는 늪을 멀리 하라. 당신의 위대함과 잠재력을 향해 손을 뻗어라. 매일매일 있는 그대로의 삶을 살도록 노력하라.

당신의 삶, 당신의 성공, 당신의 행복은 모두 당신 손에 달렸다. 변화할 수 있는 힘, 놓아줄 힘, 모험을 하고 잠재력을 펼칠 힘은 모두 당신의 손이 닿는 곳에 놓여 있다. 기억하라. 누구도 당신을 구해줄 수 없다. 누구도 당신을 바꿀 수 없다. 이런 것들은 모두 당신 책임이다. 변화를 환영하기에 지금보다 더 좋은 때가 어디 있겠는가?

Chapter 9

몰라서 못하는 게 아닌 것쯤은 이젠 인정할 수 있겠지

나가는 말

UNFU*K YOURSELF

뭔가 잘못되었다는
느낌이 들면
우리는 삶을 미룬다.
그러나 완벽한 기분이란 없다.
인생은 그런 식으로
작동하지 않는다.

지금까지 일곱 가지 단언을 제시했다.

나는 의지가 있어.
나는 이기게 되어 있어.
나는 할 수 있어.
나는 불확실성을 환영해.
생각이 아니라 행동이 나를 규정해.
나는 부단한 사람이야.
나는 아무것도 기대하지 않고 모든 것을 받아들여.

각각의 단언이 테마를 가지고 있다. 바로 눈에 들어오지는 않을지 몰라도 분명히 테마가 있다.

당신의 삶이 달라지기를 바란다면, 당신이 그렇게 만들어야 한다. 세상의 모든 생각과 명상과 계획과 항불안제도 당신의 삶을 개선해줄 수는 없다. 당신이 기꺼이 밖으로 나가서 행동을 취하고 변화를 만들지 않는다면 소용이 없다. 딱 맞는 기분이 되기를, 삶이 내가 바랐던 대로 펼쳐지기를 가만히 앉아서 기다리고 있을 수는 없다. 상황을 개선하는 데 긍정적 생각 하나에만 매달릴 수도 없다. 밖으로 나가서 행동해야 한다.

마음이나 사고방식과 관련해 아이러니컬한 점은 때로는 내 마음이 내가 정말 해야 할 일을 하지 못하게 막을 수도 있다는 점이다. 멋진 것을 수없이 알고 있지만 행동하지 않으면 당신 인생의 궤적은 아무것도 바뀌지 않는다.

우리는 이렇게 생각한다. '걱정거리와 불편한 사항만 해결하고 나면 곧바로 다시 데이트를 시작할 거야', '내가 모든 걸 미루는 이유를 찾으면, 내게 동기를 부여해줄 수 있는 무언가를 찾으면, 나는 완전히 자유롭고 행복해질 거야.' 미루는 버릇을 해결하고 싶은 욕망은 미루는 것과 미루지 않는 것이라는 사이클 사이에 나를 가둬버릴 뿐, 내 삶을 진전시키는 일에서는 더욱 멀어지게 만든다.

우리는 모든 것이 완벽해지는 순간, 혹은 그런 경험을 마음속으로 기다린다. 생각은 분명하고, 기분은 긍정적이고, 불안이나 걱정은 완전히 사라지는 순간.

뭔가가 잘못되었다는 느낌이 들면 우리는 삶을 미룬다. 그렇다. 우리는 기분이 내킬 때를 기다린다.

그러나 인생은 그런 식으로 작동하지 않는다. 완벽한 기분이란 없다. 기분이 나아져서 기적처럼 내 삶을 더 좋게 만들어줄 때까지 기다린다면 어떻게 될까? 삶은 하나도 나아지지 않는다. 위 단언들 중 어느 것도 당신 삶을 더 쉽게 만들어주지는 않을 것이다. 오히려 한동안 더 힘들게 만들 것이다. 또한 이 단언들을 알고만 있는 것으로는 충분치 않다. 당신은 이 단언들에 따라 행동해야 한다.

정말 간단한 진실이 있다. 내면 세계를 개선하고 싶다면 외부 세계에서 뭔가 행동을 취해야 한다. 생각 밖으로 나와라. 삶 속으로 뛰어들어라.

인생의 마지막에 하는 유일한 후회

"죽음을 내 인생으로 끌어들여, 인정하고, 정면으로 응시하면, 죽음이라는 불안과 삶의 좀스러움으로부터 해방될 것이다. 그제야 나는 마음껏 나 자신이 될 것이다."

_마르틴 하이데거

언젠가 당신은 죽을 것이다. 더 이상 숨을 쉬지 않고 움직이지도 않고 존재하기를 멈출 것이다. 이 물리적 행성을 떠날 것이다. 내일이 되었든, 20년 후가 되었든 분명히 그 일은 일어난다.

우리는 누구나 죽게 되어 있다. 벗어날 방법은 없다. 이런 얘기가 불편할 수도 있고, 자신이 죽는다는 생각에 저항할 수도 있지만, 당신이 원하는 게 진실이라면 이것이야말로 반박할 수 없는 진실이다. 당신은 죽을 것이다.

당신의 임종을 한번 상상해보라. 침상 옆의 모니터에서는 빕…… 빕…… 빕…… 소리가 난다. 당신은 심각한 상태이고, 이생에서의 삶이 몇 시간 남지 않았다. 심장 박동이 느려지고 힘이 빠지는 게 느껴진다.

거기 그렇게 누워서 당신은 살아온 삶을 되돌아본다. 당신은 바라던 변화를 이루지 못했다. 똑같은 직장, 똑같은 관계, 똑같은 과체중의 몸에 매여 있었다. 당신이 죽는 오늘까지도.

여러 권의 책을 읽었지만 실천한 적은 없었다. 다이어트 계획을 세웠지만 지키지 못했다. 이런저런 일을 할 거라 다짐하고 수천 번 힘을 냈지만 한 번도 하지 못했다. 인생을 바꿀 모험을 수십 번, 수백 번 시작했지만 이내 시들해졌다.

거기 그 병실에 누워 종일 사랑하는 사람들이 오가는 가운데에서 당신은 어떤 기분이 드는가?

후회? 회한? 슬픔? 당신이 이 책을 읽던 때로 되돌아갈 수 있다면, 그럴 수 있다면 무엇을 하겠는가?

젠장, 깨어나라! 후회가 당신의 몸과 마음과 심장을 훑고 지나갈 것이다. 가슴이 찢어질 것이다. 참을 수 없을 것이다. 죽음은 그 참담함으로부터 당신을 꺼내줄 테니, 죽음을 두려워

해야 할지 환영해야 할지조차 알 수 없을 것이다.

중요한 것은 이것이다. 미래의 당신은 인생에서 무언가를 이루지 못했거나 무언가를 갖지 못했다는 것을 후회하지 않을 것이다. 당신이 후회하게 될 유일한 일은 시도하지 않았다는 사실이다. 노력하지 않았다는 사실이다. 힘들어졌을 때 더 밀어붙이지 않았다는 사실이다.

산악인 모두가 정상을 밟지는 않는다. 돌아가야 할 때도 있고, 장비를 다시 마련해야 할 때도 있고, 계속 다시 도전해야 할 때도 있다. 다만 그들은 산 밑에 서 있는 것에 결코 만족하지 않는다. 그들은 다시금 짐을 꾸려서 앞으로 나아간다. 이 세상을 떠나는 순간, 그들은 자신이 쏟을 수 있는 노력은 마지막 한 톨까지 다 쏟았음을 알 것이다. 그들은 자신이 할 만큼 다했음을 안다. 등정 자체를 사랑한 사람들이기 때문이다.

당신은 10억을 못 벌었다고 후회하지는 않을 것이다. 다만 당신은 그 사업을 시작조차 해보지 못한 것을, 그 형편없는 직장을 그만두지 못한 것을 후회할 것이다. 당신은 슈퍼모델과 결혼하지 못한 것을 후회하지는 않을 것이다. 다만 당신은 더 나은 길이 있다는 것을 알면서도 이미 끝난 관계를 붙들고 있었던 것을 후회할 것이다. 당신은 보디빌더처럼 몸매를 만들지 못한 것을 후회하지는 않을 것이다. 다만 당신은 자주 결심을 접고 퇴근길에 패스트푸드점에 들렀던 것을 후회할 것이다.

이런 일이 당신한테 닥칠 것이다. 당신은 죽을 것이다. 희미해지는 의식 속에서 혼자서 조용히 이 모든 과정을 겪을 것이다.

당신이 원하는 삶, 당신이 자랑스러워할 삶을 위해, 변화하기 위해 필요한 행동을 취하지 않는다면 말이다.

성공한 사람은 때가 되기를 기다리지 않는다

우리는 끊임없이 자신을 매수한다. 오만 가지 예를 들면서 내가 왜 그 일을 못하는지 스스로에게 이야기한다.

그들은 때가 되기를
기다리지 않는다.
영감을 받거나
어떤 우주의 기운이
자신을 행동하게 만들기를
기다리지 않는다.
그들은 일어나서 행동을 한다.

나는 못한다. 나는 못한다. 나는 못한다. 하지만 당신은 할 수 있다. 이런 것들은 모두 핑계에 불과하다. 당신은 온갖 새로운 행동을 하겠다고 스스로에게 약속해놓고, 장황한 이유를 대며 미루다가, 끝내는 자기 자신에게 허튼소리만 늘어놓은 사람이 되고 만다.

당신은 다른 누구보다 자기 자신을 팔아넘길 가능성이 훨씬 크다.

원하는 삶을 살고 있는 사람과 당신의 유일한 차이점은 그들은 그런 삶을 살고 있다는 사실이다. 그들은 그런 삶을 스스로 만들었고, 지금 그 삶을 살고 있다.

그 사람들이 당신보다 더 똑똑하거나, 더 용의주도하거나, 더 강한 것이 아니다. 그들이 가진 것 중에서 당신이 갖지 못한 것은 하나도 없다. 유일한 차이점은 성공한 사람들은 기다리지 않는다는 점이다. 그들은 때가 되기를 기다리지 않는다. 영감을 받거나 어떤 우주의 기운이 자신을 행동하게 만들기를 기다리지 않는다. 그들은 일어나서 행동을 한다. 그들은 준비가 됐다고 느끼기도 전에 이미 시도하고 실패한다. 그들은 비행기를 만드는 동안 날려본다. 비행기가 하늘에서 떨어지면 그들은 파편을 주워 모아 다시 시도한다.

당신의 내면은 아무 의미도 없다. 그것은 삶의 위험 구역 밖에 머물고 싶어서 당신이 만들어낸 또 하나의 변명일 뿐이다. 문제는 그 위험 구역들이 바로 삶이라는 것이다. 나머지는 그냥 그 자리에 있는 것일 뿐이다.

더 이상 과거에 휘둘리지 마라

자신의 과거를 탓하는 사람들, 그게 나의 발목을 잡는다고 생각하는 사람들은 다시 생각해보기 바란다. 지나간 일이 앞으로의 일보다 더 중요하다는 생각에 정면으로 맞서야 한다. 과거가 없는 사람은 없다. 그리고 그중에는 정말로 끔찍한 과거도 있다. 그래서 뭐!!!!?????

불같이 화를 내기 전에 왜 당신은 미래를 위한 일보다 과거에 더 열정을 보이는가? 당신을 놓아줄 수 있는 사람은 당신뿐이라는 사실을 우리는 잘 알고 있다. 나는 그냥 우연히 식당에서 마주친 사람이 아니다. 나는 발가락이 오그라들 만큼 듣기 불편한 과거를 가진 사람들에게도 인생 코치를 해주었다. 그런 사람들도 조금씩 앞으로 전진해 자유롭고 행복한 삶을 살고 있다. 당신도 할 수 있다.

사람들은 자신의 과거에, 어린 시절에 갇혀서 빠져나오지 못한다. 그게 자신이 무언가를 하지 못하는 수많은 이유 중 하나가 된다. 그건 지금의 여건을 만든 자신의 책임을 손쉽게 회피할 수 있는 방법이다.

하지만 정말로 원하기만 한다면, 당신이 앞으로 전진하는 것을 막을 수 있는 것은 무엇도 없다. 어제 혹은 5년 전에 혹은 초등학교 2학년 때 무슨 일이 있었는지는 중요하지 않다.

외부로 방향을 틀어 내면을 개선하는 것과 마찬가지로 미래를 창조함으로써 과거를 잊을 수 있다. 뭔가 큰일을 하라. 당신이 지금까지 한 그 어떤 일보다 큰일을 하라.

앞에 놓인 것이 너무나 반짝이고 만족스럽다면 뒤를 돌아볼 시간이 없다. 눈도 마음도 오직 정면만 응시하게 될 것이다.

그것이 당신을 꺼내줄 것이다. 너무나 크고, 밝고, 근사한 미래, 잠재력과 가능성을 듬뿍 머금고 있는 미래. 그 미래가 묵직하고 고되었던 과거로부터 당신을 놓아줄 것이다.

과거의 모든 게 마음에 들지는 않겠지만, 좋든 나쁘든 그것이 지금의 당신을 만드는 데 일조했다. 그렇다. 당신은 많은 훌륭한 점들을 갖고 있고, 그것들이면 당신이 원하는 것을 얻기에 충분하다. 그 정도면 충분히 원하는 삶을 살 수 있다. 당신이 정말로 원하고, 정말로 행동한다면 그 무엇도 당신을 잡아두지 못할 것이다.

변화를 위한 가장 간단한 변화

정말로 삶을 변화시킬 준비가 됐다면, 지금까지 누리지 못한 자유를 누릴 준비가 됐다면, 당신은 두 가지를 해야 한다.

1. 지금 하고 있는 것을 그만둬라

간단하지 않은가? 문제들을 계속 만들어내는 근원을 살펴보

라. 당신을 지금 그 상황에 밀어 넣은 습관들을 살펴보라.

소파에 껌딱지처럼 딱 붙어서 한 번에 몇 시간씩 넷플릭스를 보기 때문에, 혹은 동네 던킨 도너츠의 부드러운 맛에 사족을 못 쓰기 때문에 아무것도 못하는 거라면 그 행동을 그만하라. 정말이다. 당장 그만둬라.

당신이 무언가를 할 수 없는 수많은 이유를 대지 마라. "그렇지만 넷플릭스 프로그램이 정말 괜찮아요. 퇴근 후에 저는 너무 지쳐 있고요"라든가, "그렇게 작은 즐거움이라도 있어야 계속할 수 있어요"라고 하지 마라.

인생을 재정비하기 위해 텔레비전을 장시간 보는 것조차 그만둘 수 없다면 당신은 변화를 원하지 않는 게 분명하다. 그 정도는 아주 기본이다. 솔직히 말해 최소한의 최소한밖에 안 된다.

그래서 어떻게 하고 싶은가? 넷플릭스를 보는 건가, 돈을 더 많이 버는 커리어를 갖는 건가? 도넛인가, 뿌듯한 몸매인가? 비디오 게임인가, 애인에게 사랑 받는 것인가?

매일 외식을 해서 기분이 거지 같다면, 왜 아직도 그러고 있는가?

그만두지 못한다고 생각할 때마다 당신은 또 다른 핑계를 대고 있는 것에 불과하다. 당신은 할 수 있다. 당신은 할 수 있다. 그리고 할 것이다. 더 이상 자신을 매수하지 마라. 더 이상 내면의 상태가 삶의 질을 좌우하게 하지 마라. 운전대를 다시 잡아라.

계속해서 감정에 휘둘린다면 오직 후회만이 남을 것이다. 그런 태도로 계속 살다가, 임종의 순간에 이렇게 생각할 것이다. '혹시 내가 다르게 살았다면?' 당신의 감정이나 기분이 중요하지 않다는 말이 아니다. 당신더러 로봇이 되라는 얘기가 아니다. 내 말은 그런 건 우선순위 훨씬 아래에 두고, 삶을 가장 많이 바꿔놓을 수 있는 일을 해야 한다는 뜻이다.

우리가 흔히 자신에게 하는 변명 중에 하나가 "내 인생을 바꾸고 싶지만 그렇지만……"이다. 그러면서 텔레비전을 몇 시간씩 보고, 정크푸드를 먹고, 페이스북을 구경한다. 이제는 좀 자신에게 솔직해져라.

당신은 변화를 원하지 않는다. 변화를 원했다면 지금 변화하고 있을 것이다. 지금 당신이 늘어놓는 말은 허튼소리라는 것을 인정하라.

당신의 삶을 찬찬히 살펴보라. 자신에게 솔직하라. 당신의 발목을 잡고 있는 행동이 뭔지 보라. 당신은 깨어 있는 인생의 모든 시간을 목적을 추구하는 데 써야 한다. 변명은 없다. 당신은 어느 누구와 비교해도 그들과 다르지도, 못하지도 않다. 당신만 특별한 케이스라서 남들과 다른 규칙이 필요하지도 않다.

당신은 지금 당장 선택을 내려야 한다. 그것들을 그만두지 않는 한, 당신은 절대로 인생을 바꾸지 못할 것이다. 더 이상은 핑계 대지 마라.

2. 앞으로 나아갈 수 있는 행동을 하라

역시나 아주 간단하다. 특정한 행동을 하지 않는 것만으로는 삶을 바꿀 수 없다. 노력해야 하고, 당신을 옳은 방향으로 이끌어줄 긍정적인 습관도 길러야 한다.

새로운 직장을 원한다면 입사 지원을 해야 한다. 나가서 인맥을 쌓아라. 구인광고를 뒤지고, 친구에게 이야기하고, 추천을 부탁하라.

정말로 그렇게 하라. 할 거라고 말해놓고 안 하지 마라. 잠시 흥분했다가 내일로 미루지 마라.

> "당신이 '할 거라고' 말하는 일 말고, 당신이 '하는' 일이 당신이다."
>
> _카를 융

당신이 이루고 싶은 일들을 잘 살펴보라. 당신은 무엇을 성취하고 싶은가? 그러려면 뭘 해야 하는가? 다음 단계를 상세히 그려보라. 그 단계들을 매순간 책임 있게 이행하라.

그만두는 것과 시작하는 것은 자연스럽게 서로 연결되어 있다. 왜냐하면 심리학적으로 무언가를 갑자기 '뚝' 끊기란 힘들기 때문이다. 특히나 그게 음식이나 섹스, 약물, 비디오 게임처럼 인간의 뇌에 영향을 미치는 중독성 강한 습관이라면 말이다.

나쁜 습관을 그만둔 것이 당신에게 정말로 도움이 되려면 그것을 다른 무언가로, 실제로 당신에게 좋은 결과를 가져오고 당신이 정말로 원하는 새로운 삶을 구축할 수 있는 무언가로 대체해야 한다. 당신이 늘 바랐던 그런 새로운 삶을 만들어가기 위해서는 체계적으로 오래된 습관을 새것으로 바꿔나가야 한다.

좋은 것이 들어설 자리를 확보하려면 나쁜 것을 제거해야 한다. 그러지 않으면 정말로 새 삶을 시작했다는 사실을 확인하기 어려울 것이다. 당신은 새로운 삶을 살고 있다는 증거를 하나씩 하나씩 쌓아나가야 한다. 그 과정은 철저하면서 단호해야 한다. 그러지 않으면 무거운 짐을 매달고 가느라 변화의 여정이 느리고 늘 지체될 것이다.

텔레비전을 끊어라. 읽고도 아무 행동도 하지 않았던 수많은 자기계발서를 끊어라. 과식을 끊어라. 소파에 붙어사는 것을 끊어라. 미루는 버릇을 끊어라. 그 자리에 탱고 수업, 독서 모임, 균형 잡힌 식사, 자전거 타기를 넣어라. 뭐든 넣어라! 말했듯이, 핑계는 그만 대라!

당신의 진짜 인생을 시작하라

"시간을 갖고 심사숙고하라. 하지만 행동할 시점이 오면
생각은 그만두고 뛰어들어라."

_나폴레옹 보나파르트

생각을 하고 마음을 정리해야 할 때도 있다. 그러나 결국 당신은 일어나서 아는 것을 행동으로 옮겨야 한다.

우리가 배운 모든 단언이 그 행동을 위한 것이다. 당신은 행동을 취할 의지가 있다. 그리고 거기에 따르는 불확실성을 환영할 의지가 있다.

'나는 부단하다'라는 단언은 부단히 생각만 하거나 부단히 텔레비전을 보라는 얘기가 아니다. '나는 부단하다'는 부단히 행동하라는 얘기다. 부단히 조치를 취하고, 목표를 추구하고, 행동하고, 실패하고, 궁극적으로 성공하라.

행동으로 옮기지 않는다면 내가 알려준 어떤 내용도 당신의 삶을 털끝 하나 바꿔놓지 못할 것이다. 변화는 당신이 만들어

야 한다. 변화가 일어나게 만들어라.

당신의 훌륭함은 당신이 보여줘야 한다. 내가 대신해줄 수 있는 게 아니다. 당신의 어머니나 배우자, 이웃이 대신해주지도 않을 것이다. 자신감만으로는 되지 않을 것이다. 미래가 갑자기 더 좋아지지는 않을 것이다. 걱정이 한순간 사라지지는 않을 것이다. 새로 딴 자격증 때문에 갑자기 확신이나 신용이 생기지는 않을 것이다. 기억하라, 당신의 잠재력을 믿어줄 사람은 당신뿐이다.

이 책을 읽기만 하지 마라. 생각만 하다가 일상으로 돌아가 또 그 병신 같은 짓을 똑같이 하고 또 하지는 마라. 읽은 내용을 실천하라.

"나중에 할게요." 아니다. 지금 해라.

"저는 그 정도로 똑똑하지 못해요." 집어치워라. 그런 헛소리는 그만두고 행동을 해라.

더 이상 마음에 휘둘리지 마라. 더 이상 마음이 핑계를 대고,

당신은 당신 생각이 아니다.
당신은 당신 행동이다.
당신은 당신이 하는 일이다.

한눈팔고, 걱정을 늘어놓으며 발목을 잡게 놔두지 마라.

당신은 당신 생각이 아니다. 당신은 당신 행동이다. 당신은 당신이 하는 일이다.

당신을 가고 싶은 곳으로 가지 못하게 막고 있는 유일한 것은 당신의 행동이다.

오늘 하루를 잘 살기 위해서가 아니다. 이 순간, 이 시간, 이번 주, 이번 달을 잘 살기 위해서다. 당신 인생을 잘 살기 위해서다. 마치 목숨이 걸린 것처럼 간절히 당신 권리를 주장하기 위해서다.

왜냐하면 실제로 당신의 인생이 걸려 있으니까.

편안함에 머무른다면, 늘 해오던 일만 한다면
사실상 과거에 사는 셈이다.
그렇게 해서는 앞으로 나아갈 수 없다.
성공은 늘 불확실성 속에서 당신을 기다리고 있다.

옮긴이
이지연

서울대학교 철학과를 졸업 후 삼성전자 기획팀, 마케팅팀에서 일했다. 현재 전문 번역가로 활동 중이다. 옮긴 책으로는 『위험한 과학책』, 『제로 투 원』, 『카피 공부』, 『무기가 되는 스토리』, 『스워브』, 『파괴적 혁신』, 『기하급수 시대가 온다』, 『빅데이터가 만드는 세상』, 『리더는 마지막에 먹는다』, 『인문학 이펙트』, 『토킹 투 크레이지』, 『빈곤을 착취하다』, 『우주에 관한 거의 모든 것』, 『행복의 신화』, 『평온』, 『매달리지 않는 삶의 즐거움』, 『다크 사이드』, 『레바나』, 『포제션』 외 다수가 있다.

시작의 기술

초판   1쇄 발행 2019년 4월 17일
초판 33쇄 발행 2025년 8월 25일
개정판 1쇄(청룡 에디션) 발행 2023년 12월 22일
개정판 2쇄(붉은 말 에디션) 발행 2025년 10월 27일

지은이 개리 비숍 **옮긴이** 이지연

발행인 윤승현 **단행본사업본부장** 신동해
편집장 김예원 **책임편집** 김다혜
표지 디자인 최희종 **본문 디자인** [★]규
마케팅 최혜진 이인국
국제업무 김은정 김지민 **제작** 정석훈

브랜드 웅진지식하우스
주소 경기도 파주시 회동길 20
문의전화 031-956-7357(편집) 031-956-7089(마케팅)
홈페이지 www.wjbooks.co.kr
인스타그램 www.instagram.com/woongjin_readers
페이스북 https://www.facebook.com/woongjinreaders
블로그 blog.naver.com/wj_booking

발행처 ㈜웅진씽크빅
출판신고 1980년 3월 29일 제406-2007-000046호

한국어판 출판권 © ㈜웅진씽크빅, 2019, 2023
ISBN 978-89-01-29782-8 03320

- 웅진지식하우스는 ㈜웅진씽크빅 단행본사업본부의 브랜드입니다.
- 이 책의 한국어판 저작권은 대니홍 에이전시를 통한 저작권사와의 독점계약으로 ㈜웅진씽크빅에 있습니다. 저작권법에 의해 한국 내에서 보호를 받는 저작물이므로 무단전재와 무단복제를 금합니다. 이 책 내용의 전부 또는 일부를 이용하려면 반드시 저작권자와 ㈜웅진씽크빅의 서면동의를 받아야 합니다.
- 책값은 뒤표지에 있습니다.